KB092192

다리를
잃은걸
기념합니다

Mein Opa, sein Holzbein und der große Krieg.
Was der Erste Weltkrieg mit uns zu tun hat by Nikolaus Nützel
ⓒ 2013 arsEdition GmbH, München
All rights reserved.
Korean translation edition ⓒ 2014 Booksea Publishing Co.,
Published by arrangement with arsEdition GmbH through Orange Agency, Seoul

다리를 잃은 걸 기념합니다
할아버지와 1차 세계대전과 나

초판 1쇄 발행 2014년 8월 5일
초판 6쇄 발행 2022년 7월 10일

지은이　　니콜라우스 뉘첼
옮긴이　　유영미
펴낸이　　이영선

편집　　　이일규 김선정 김문정 김종훈 이민재 김영아 이현정 차소영
디자인　　김회량 위수연
독자본부　김일신 정혜영 김연수 김민수 박정래 손미경 김동욱

펴낸곳 서해문집 | 출판등록 1989년 3월 16일(제406-2005-000047호)
주소 경기도 파주시 광인사길 217(파주출판도시)
전화 (031)955-7470 | 팩스 (031)955-7469
홈페이지 www.booksea.co.kr | 이메일 shmj21@hanmail.net

ISBN 978-89-7483-670-2 43900

이 도서의 국립중앙도서관 출판예정도서목록(CIP)은 서지정보유통지원시스템 홈페이지(http://
seoji.nl.go.kr)와 국가자료공동목록시스템(http://www.nl.go.kr/kolisnet)에서 이용하실 수
있습니다.(CIP제어번호: CIP2014020853)

할아버지와
1차 세계대전과 나

다리를
잃은걸
기념합니다

니클라우스 뮈첼 지음 | 유영미 옮김

서해문집

우리 미래를 바꿀
'피스 메이커'의 꿈

1700만 명이 죽고, 1900만 명이 다치거나 장애를 입은 전쟁.
바로 100년 전에 일어난 제1차 세계대전의 끔찍한 결과입니다.
5000만 명이 조금 넘는 우리나라 인구의 3분의 2가량이 목숨을
잃거나 다친 셈입니다. 더구나 이 가운데 상당수는 민간인이었다
고 합니다.

　대부분의 사람들은 이 전쟁 전까지만 하더라도 '전쟁은 전쟁
터에서 군인이 하는 것'이라고 생각했습니다. 그러나 1차대전은
전쟁에 대한 이러한 인식을 완전히 바꿔 놓았습니다. 군사기술이
발달함에 따라 전선은 전후방의 구분이 무의미해졌습니다. 장거
리 대포와 항공기에서 뿜어내는 포탄과 폭탄이 내 집으로 떨어지
는 일이 다반사였으니까요. 또한 '총력전'이 되면서 수많은 사람
들이 전쟁터에 나갔고, 나라 전체는 전쟁을 뒷받침하기 위해 군수
품을 만들고 부상병들을 치유하느라 거대한 병참기지가 되어 버
렸습니다. 프랑스에선 "택시가 군인들을 실어 날랐다"고 할 정도

였으니까요. 그리고 "세계 지도에서 전쟁에 참여하지 않았던 나라들을 세는 것이 더 빠를 정도"로 전쟁은 곧 '세계화'되었습니다.

2014년은 1차대전이 발발한 지 정확히 100년이 되는 해입니다. 100년 전이면 그리 멀지도 않고 가깝지도 않은 시간으로 여겨질 법합니다. 그리고 1차대전의 주요 전쟁터였던 유럽은 다른 지역 사람들이 부러워할 정도로 잘사는 나라들도 많고, 민주주의와 복지가 잘 이뤄지는 나라들도 많습니다. 빼어난 자연환경과 문화 유적으로 인해 세계적으로 유명한 관광지도 많이 있고요. 여러분 가운데 이미 유럽을 다녀오거나, 나중에 배낭여행을 계획하고 있는 분들도 많을 거예요. 기회가 된다면, 이 책에서 소개한 전적지에 가 보는 것도 좋을 경험이 될 것입니다.

그럼 1차대전은 과거의 전쟁일까요? 이 책은 이 질문에 아니라고 답합니다. 100년 전의 전쟁이 오늘날, 그리고 앞으로도 상당 기간 국가 간의 관계뿐만 아니라 개개인의 삶에도 영향을 주게 될 것이라고 말합니다. 그러면서 '국익'을 앞세운 전쟁이 개개인의 평화로운 삶을 어떻게 송두리째 바꿔놓았는지 생생하게 묘사하고 있습니다.

이 책은 전쟁에서 다리를 잃은 주인공의 외할아버지 아우구스트 뮐러의 얘기를 중심으로 진행됩니다. 왜 할아버지가 다리를 잃게 된 것을 온 가족이 기념하게 되었는지, 지극히 평범했던 사람들이 왜 전쟁터에서 끔찍한 일에 가담하게 되었는지에 대해 이야기합니다. 그리고 전쟁이 어떻게 전 세계로 확대되고, 나치 독일과 히틀러라는 괴물을 낳아 더욱 끔찍한 2차 세계대전으로 이어졌는지 알기 쉽게 설명합니다. 또한 러시아와 유럽, 그리고 전 세계를 휩쓴 '사회주의 혁명'의 씨앗이 1차대전에서 뿌려진 것에 대해서도 언급합니다. 그러고 보니 이 책은 개인에서 출발해 세계 곳곳의 역사를 아우르고 있는 훌륭한 역사책인 셈입니다.

2차 세계대전 이후 유럽은 통합을 향해 뚜벅뚜벅 걸어가고 있습니다. 물론 그 과정에 우여곡절도 많았고, 또 현재와 미래에도 만만치 않은 문제들이 도사리고 있습니다. 그러나 1·2차 세계대전과 냉전 시대를 겪으면서 유럽은 화해와 협력, 통합이 곧 평화를 만들고 개개인이 행복하게 살 수 있는 길이라는 값진 교훈을 길어 올렸습니다.

그러나 안타깝게도 우리가 살고 있는 한반도, 그리고 한반도를 둘러싼 동북아시아는 그러지 못했습니다. 북한은 핵과 미사일을 개발해 한반도와 동북아 평화를 위협하고 있습니다. 남한에서도 남북화해협력과 평화정착을 위한 노력이 약해지고 있습니다. 평화헌법을 자랑하던 일본은 '전쟁을 할 수 있는 나라'로 변해 가고 있습니다. 강해지는 중국의 속내를 정확히 파악하기도 힘듭니다. 중국의 부상에 불안감을 느낀 미국은 동맹국들과 함께 중국을 억누르려고 합니다. 역사와 영토 분쟁이 격화되면서 배타적 민족주의도 팽배해지고 있고요. 동북아시아는 세계에서 경제발

전이 가장 빠르고 사람 간의 교류도 활발하지만, 군비경쟁이 심화되면서 상호 불신도 대단히 높아졌습니다. '아시아 패러독스'라고도 하는 이러한 현상은 1차대전이 벌어지기 전의 유럽과 흡사하다고 할 수 있습니다.

평화운동가인 저를 비롯해 많은 사람들이 이러한 현실을 극복하기 위해 노력하고 있지만 아직은 많이 부족합니다. 그래서 우리나라 청소년들이 전쟁의 비극과 평화의 소중함을 깨닫고 '피스메이커(peacemaker)'의 꿈을 키울 수 있기를 바랍니다. 그것은 앞으로 다가올 미래가 청소년 여러분의 것이기 때문입니다. 꿈을 꾸는 사람이 늘어날수록 꿈이 이뤄질 가능성도 높아진다고 합니다. 이 책을 통해 평화로운 미래에 대한 꿈을 키우고 나누시길 바랍니다.

정 욱 식
한겨레평화연구소 소장, 평화네트워크 대표

차례

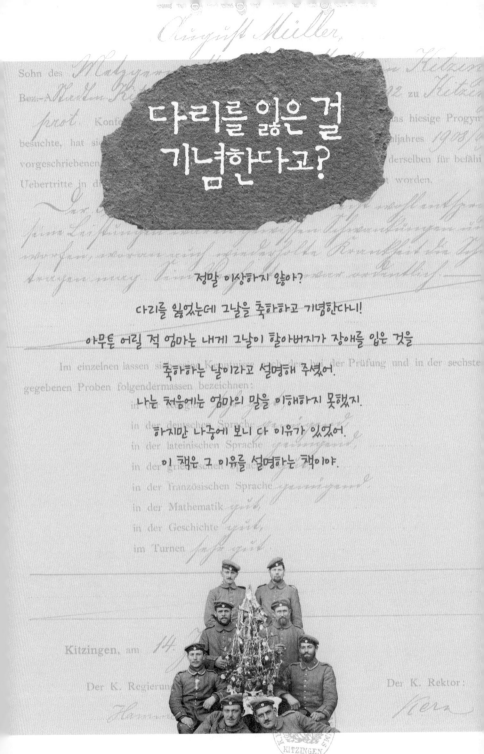

다리를 잃은 걸 기념한다고?

정말 이상하지 않아?

다리를 잃었는데 그날을 축하하고 기념한다니!

아무튼 어릴 적 엄마는 내게 그날이 할아버지가 장애를 입은 것을

축하하는 날이라고 설명해 주셨어.

나는 처음에는 엄마의 말을 이해하지 못했지.

하지만 나중에 보니 다 이유가 있었어.

이 책은 그 이유를 설명하는 책이야.

우리 외갓집에서는 해마다 8월 24일이면 파티를 했어. 1914년 8월 24일에 우리 외할아버지가 왼쪽 다리를 잃으셨거든. 정말 이상하지 않아? 다리를 잃었는데 그날을 축하하고 기념한다니! 아무튼 어릴 적 엄마는 내게 그날이 할아버지가 장애를 입은 것을 축하하는 날이라고 설명해 주셨어. 나는 처음에는 엄마의 말을 이해하지 못했지. 하지만 나중에 보니 다 이유가 있었어. 이 책은 그 이유를 설명하는 책이야. 그리고 또 여러 가지 답이 나올 수 있는 '1차 세계대전은 지금의 우리와 과연 무슨 관계가 있을까?'라는 질문에 관한 책이지.

1차대전에 참전했던 군인들 중 지금까지 살아 있는 사람은 아무도 없어. 인터넷을 찾아보니 1차대전에 참전했던 마지막 독일인은 2008년 1월 1일에 돌아가셨더라고. 에리히 케스트너라는 분이었는데 백일곱 살까지 사셨어. 정말 오래 사셨지? 하지만 이

젠 그분마저 돌아가셨으니 1차대전에 참전했던 사람들 중 우리에게 그 당시 이야기를 들려줄 사람은 한 명도 남지 않은 것이지.

그런데 이분하고 이름이 똑같은 작가가 있어. 역시 에리히 케스트너라는 사람인데, 1차대전에 대한 글을 썼어.《날으는 교실》《에밀과 소년 탐정단》같은 어린이 책을 썼을 뿐 아니라, 전쟁의 참상을 주제로 한 시도 남겼거든.

1차대전이 끝났을 때 작가 에리히 케스트너의 나이는 열아홉 살이었어. 세상을 떠난 건 지금으로부터 40년 전인 1974년이고 너희들이 태어나기 훨씬 전일 거야. 그렇다면 작가 에리히 케스트너나 군인 에리히 케스트너가 경험했던 1차대전은 지금의 우리와는 너무 멀리 있는 것 아닐까? 이제는 끝나 버린 전쟁인데 지금 우리와는 별 상관이 없지 않나? 하지만 나는 그렇게 생각하지 않아. 수백만의 젊은이가 1차대전에 끌려갔던 것이 불과 두 세대 전의 일이니까 말이야. 나의 외할아버지, 즉 나의 열네 살짜리 아들과 열한 살짜리 딸의 외증조할아버지도 1차대전에 참전했었어. 그러니까 아주 먼 옛날 일은 아니라고 할 수 있지 않겠어? 우리는 할아버지가 물려준 유전적 소질을 가지고 있고, 할아버지가 집안에 끼친 영향 속에서 살고 있으니까 말이야.

잊지 말아야 할 것은, 당시 상상을 초월한 끔찍한 전쟁에 뛰어들었던 사람들은 모두 지극히 평범한 사람들이었다는 거야. 우리의 할아버지, 증조할아버지들은 괴물이 아니었어. 외계인도 아

1차대전 때 사진들은 대부분 흑백이야.
흑백사진이 1차대전에 대한 우리의 이미지를 결정하지.

니고, 네안데르탈인도 아니었어. 그들의 모습은 대부분 흑백사진으로 남아 있어. 사진 속의 군인들은 구레나룻을 기르고 있거나 우스운 모자를 쓰고 있지. 하지만 그들의 삶은 오늘날 우리의 삶처럼 다채로웠어. 그들의 피는 뜨거웠고, 그들 역시 지금의 우리처럼 기뻐하고 즐거워하고 가슴 설레어하고 두려워하고 무서워하던 사람들이었지. 부모, 조부모, 증조부모들이나 지금 이 세상을 살아가는 우리나 별다를 게 있겠어? 그렇지 않게 여겨질 때도 많지만, 생각은 세대에서 세대로 전달되거든.

1차대전으로 인한 부상자들

러시아	490만
독일	420만
오스트리아-헝가리	360만
프랑스	270만
영국	210만
오스만 제국/터키	40만
이탈리아	95만
미국	20만

출처: 《1차 세계 대전》(Volker Berghahn), 《The Great War Handbook》(Geoff Bridger).
_ 몇몇 통계는 환자 수가 아니라 부상 수를 기준으로 한 것으로, 여러 번 부상을 입은 군인도 많았음을 감안하면 실제 부상자 수는 더 낮게 잡아야 할 것이다.

✛ 프랑스 군병원의 부상자들

다리를 잃은 걸 기념합니다

1914년부터 있었던 일을 생각하면 이런 질문을 하게 돼. 인간이란 무엇일까? 인간은 왜 다른 인간을 그렇게 끔찍하게 죽일까? 어떻게 수백만의 사람들이 수백만의 다른 사람들을 죽였던 것일까? 이런 질문을 하다 보면 언뜻 보기와는 달리, 이런 일들이 별로 오래되지 않은 일이며, 100년이라는 시간은 그리 오랜 시간이 아니라는 걸 알 수 있어.

우리 외갓집에서 해마다 기념했던 1914년 8월 24일에 무슨 일이 있었을까? 그날은 우리 할아버지가 독일 군인으로 동프랑스에서 벌어진 전투에서 종아리에 포탄 파편을 맞은 날이야. 물론 지금 같으면 스물두 살밖에 안 된 청년이 포탄 파편을 맞았다고 해서 다리 전체를 잘라 내고 남은 인생을 장애인으로 살지는 않겠지. 하지만 100년 전에는 오늘날처럼 의술이 좋지 못했어. 의사들은 처음에 아우구스트 뮐러(우리 외할아버지)의 상처 입은 다리에 깁스를 해주었대. 지금 같으면 이런 치료는 의료사고로 판명되었을 거야. 아무튼 그런 조치로 인해 외할아버지의 다리에는 끔찍한 염증이 생겼어. 전문용어로는 가스 괴저병이라고 하지.

가스 괴저병은 1차대전에서 서로를 죽이는 데 사용되었던 독가스랑은 아무 상관이 없는 말이야. 가스 괴저병은 마치 물이 끓어오를 때처럼 피부에 수포가 생기는 병이야. 환자의 몸 안에 있는 박테리아들이 가스를 만들어 내기 때문이지. 의사들은 외할아버지에게 생긴 이런 심한 염증을 치료할 수 없어서 다리를 절단했던 거야.

우리 할아버지에게 대포를 쏜 사람이 누구인지는 몰라. 내아들이 몇 년 후 교환학생으로 프랑스에 가서 우리 할아버지에게 부상을 입혔던 군인의 증손녀와 친구가 될 수도 있겠지. 심지어 서로 좋아하게 될지도 몰라. 하지만 둘은 그들의 증조할아버지들이 서로 총을 겨누던 사이라는 걸 꿈에도 알지 못하겠지.

사진 자료실에서 1차대전 때 부상당한 프랑스 군인들의 사진을 찾아보았어. 어떤 사진에는 다리가 하나밖에 없는 젊은이들이 있었어. 그들은 멍한 시선으로 주변을 바라보고 있었지. 스무 살이면 한창 힘이 넘치고 체력이 좋을 때인데 그렇게 젊은 나이에 갑자기 다리를 잃다니…… 이렇게 1차대전에서 부상을 당하거나 장애인이 되어 집에 돌아간 사람이 1900만 명이 넘어. 그중 400만 명이 독일인이었지.

언젠가 엄마는 장애인이 된 외할아버지, 즉 엄마의 아버지와 관련하여, 내게 재미있으면서도 으스스한 어린 시절 얘기를 들려주셨어. 외할아버지는 부상 후에 늘 나무로 된 의족을 착용하셨대. 그런데 의족에 양말을 신기면 자꾸 양말이 미끄러져 내려오기 때문에 할아버지는 때때로 압정으로 양말을 의족에 고정시켜야 했다더라고. 한번은 엄마가 할아버지와 함께 기차를 타고 어딜 가는데, 할아버지가 압정을 꺼내더니 바지 밑으로 손을 넣어 의족에 박아 넣었대. 그런데 재밌는 건 그 기차 칸에 있던 다른 아이들은 할아버지의 바지 속에 있는 다리가 의족이라는 걸 전혀 눈치채지 못했다는 거야. 그러니 할아버지가 다리에 압정을 찔러 넣는 걸 보고는 걔네들 표정이 어떻게 변했겠어?

그런 재미있는 추억도 있었지만, 사실 다리 하나가 없는 상태로 사는 것은 불편하기 짝이 없는 일이었어. 나는 언젠가 외갓집에서 할아버지가 전쟁으로 장애인이 되었음을 증명하는 문서를 발견한 적이 있어. 목사였던 할아버지는 도보로 먼 길을 오가지 않아도 되는 지역에서 근무를 하고자 그 증명서를 발급받았다고 하셨어. 그 증명서에는 "다리 하나가 완전히 없는 상태로 의족을 착용하고 행동하는 것은 아주 고통스럽고 힘들다."라고 되어 있었어. 그러니까 당시 우리 할아버지를 비롯해 전쟁에서 장애를 입은 사람들은 자유자재로 몸을 움직일 수가 없었던 거야.

외할아버지는 스물두 살 때부터 줄곧 불편함을 견디며 살아야 했어. 바로 전쟁 때문이었지.

내가 20년 넘게 소장하고 있는 책이 한 권 있는데, 제목이 《전쟁과 전쟁하라》야. 독특한 핑크빛 종이에 인쇄되어 있는 책으로, 1924년에 초판이 나왔어. 1차대전에 참전했던 젊은 군인들 중 아래턱에 총을 맞은 군인들의 사진을 모아 놓은 책이지. 총탄에 찢

Beglaubigte Abschrift.

München,den 21.Januar 1925.

Aeztliches Zeugnis.

Dem Herrn Pfarrer August Müller aus Mörlbach wurde 1914
nach einer Granatsplitterverletzung das linke Bein hoch oben
am Oberschenkel abgesetzt.Bei derartig kurzen Amputationsstümpfen
ist die Führung der Prothese sehr schwierig und sehr anstreng =
end.Die Sicheheit beim Gehen ist wesentlich geringer als bei
längeren Oberschenkelstümpfen.Derartige Patienten sind nicht
im stande,weit zu marschieren oder schlechte Straßen zu gehen.

Aerztlicherseits muß dringend empfohlen werden,den Wunsch
des Herrn Pfarrers Müller nach einer bequemeren Pfarrei mit
guten Weg= und Eisenbahnverhältnissen zu erfüllen.

L.S.   gez. Prof.Dr.Lange
                              Direktor der Orthopäd.Klinik.

Vorstehende Abschrift wird beglaubigt:

Kgl. prot. Pfarramt Steinach a. d. Ens
bei Rothenburg o. Tbr. , den 31. März 1925.

우리 할아버지는 증명서를 제출함으로써
장애인에게 적합한 부임지로 가고자 했어.

겨 일그러진 얼굴들… 일반적인 사진 자료실에서는 그런 사진을 찾을 수 없어. 책장을 넘기다 보면 점점 속이 안 좋아지지. 이런 군인들에 비하면 우리 할아버지는 정말 운이 좋았다는 생각이 들어.

나는 오랫동안 포탄 하나가 순식간에 할아버지의 다리를 뚫고 지나갔다고 생각했어. 그리고 우리 집에 보관되어 있는 물건이 그 포탄의 일부인 줄 알았어. 어렸을 적 우리 여덟 손주들이 할아버지 집에서 가장 호기심을 가졌던 물건이 바로 할아버지 서재에 있던 포탄 부속품(포탄 끝 부분에 장착되어 폭약을 점화시키는 '신관'—옮긴이)이거든. 지금 그 포탄 부속품은 내 책상 위에 있어. 할머니가 돌아가신 후 우리 집으로 가져왔지. 나는 이런 금속 물건에 유난히 끌렸어. 이 물건이 과거와의 연결 고리가 되기 때문일까?

아무튼 어릴 적 나는 이 원추형의 물건 때문에 할아버지가 장애를 입었다고 생각했어. 하지만 훗날 어머니에게서 그 물건은 그저 프랑스에서 가져온 전쟁 기념품일 뿐이라는 이야기를 들었지. 그러니까 할아버지의 부상과는 상관없는 물건이었어. 하지만 그런데도 그 물건이 매력적으로 생각되더라고.

어머니 말에 따르면 동프랑스에서 부상을 당한 할아버지는 뮌헨으로 이송되어 수술을 받으셨대. 지금 내가 살고 있는 곳으로 이송되었던 거야. 오늘날 뮌헨에는 아주 좋은 병원들이 있어. 하지만 100년 전엔 그렇지 않았지. 할아버지가 우리 집에서 몇 킬로미터 떨어지지 않은 곳에서 제대로 된 마취도 없이 수술을 받았다고 생각하니 등골이 서늘해지지 뭐야.

그리고 이런 생각은 잘 안 해 봤는데… 할아버지의 다리는 그 뒤 어떻게 되었을까? 의사들은 절단한 젊은 군인들의 신체 부위를 어떻게 처리했을까? 이름 없는 미니 무덤이라도 만들어 주었을까? 그러지는 않았을 거야. 다리를 이루는 5~6킬로그램 무게의 살과 뼈를 불태워 버렸을까? 그랬다면 재는 어떻게 했을까? 유골함에 넣었을까? 아니면 그냥 쓰레기장에 뿌려 버렸을까? 아마 쓰레기장으로 갔을 확률이 높겠지.

✛

우리 할아버지 아우구스트 뮐러가 전쟁터에서 가지고 온 전리품.

할아버지의 나머지 몸은 뇌르틀링겐에 있어. 따라서 할아버지의 오른쪽 다리가 나머지 신체와 함께 뇌르틀링겐의 흙으로 변한 반면, 왼쪽 다리는 뮌헨의 어딘가에서 흙이 되었을 거야. 물론 묘지에서는 아니겠지. 그렇다고 내가 사는 도시에서 할아버지의 왼쪽 다리를 찾아 나설 수는 없어. 찾지 못할 테니까 말이야.

다리를 잃은 걸 기념합니다

나는 산책길에 우리 집 근처에서 할아버지를 생각나게 하는 장소를 발견했어. 우리 집에서 몇백 미터 떨어지지 않은 곳에 커다란 군인묘지 두 군데가 있거든. 1차대전과 2차대전에서 전사한 수많은 사람들이 우리 집 근처에 묻혀 있어. 나는 몇십 년 동안 그 근처에 살면서도 군인묘지에 전혀 관심을 기울이지 않았어. 그러다가 산책 중에 우연히 묘지에 가 보고는, 멀다고 생각했던 1차대전이 얼마나 가까이 있는가를 실감했어.

나는 프란츠 쿠링거라는 전사자의 묘지를 지나쳤어. 묘비를 보니 열여덟 살 생일을 한 달 앞두고 사망한 걸로 되어 있더라고. 그러니까 만 열일곱 살에 세상을 떠난 거야. 1차대전에 참전했던 수많은 청소년 중 하나였던 거지. 열일곱이면 너무 어린 나이 아니야? 그런 청소년에게 서로를 죽이라고 총대를 쥐어 준 거야. 오늘날에도 열일곱 살이면 군에 입대할 수 있어. 독일 연방군 인터넷 사이트에 들어가 보니까 연령 기준이 '만 18세' 또는 '곧 만 18세가 되는 자'로 되어 있더라고.

우리 아들이 6학년 학기 말에 가져온 가정통신문에 독일 연방군의 광고 전단지가 끼워져 있었어. 아들은 독일 군대가 학교의 학기말 가정통신문과 함께 광고지를 배부했다는 것에 아주 놀라워했지. 나도 처음에는 그렇게 생각했어. 하지만 한편으로 생각해 보니까 어쩌면 그럴 수밖에 없겠다는 생각도 들었어. 연방군은

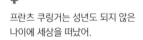
뮌헨 퓌르스텐리트에 있는
군인묘지.

프란츠 쿠링거는 성년도 되지 않은
나이에 세상을 떠났어.

젊은이들을 차세대 군인으로 키우려고 하니까 말이야. 그리고 젊은이들이 어디에 있겠어? 학교에 있지.

"더 많은 혜택을 누리는 직업을 원하나요?" 연방 군대는 5학년에서 12학년(고3)까지의 아이들에게 그렇게 묻고 있었어. 광고에는 "흥미로운 활동"이라는 말과 함께 잘생긴 청년들의 사진이 실려 있었어. 총탄이나 포탄 파편 때문에 젊은이들이 나머지 인생을 장애를 안고 살 수도 있다는 말 같은 것은 전혀 적혀 있지 않았지. 경우에 따라서는 아프가니스탄 파병 군인들처럼 사람을 죽이기도 해야 한다는 말도 나와 있지 않았어.

우리 할아버지가 1차대전에서 겪은 일이 오늘날의 연방군이랑 무슨 관련이 있을까? 할아버지의 경험은 오늘날의 독일과 어떤 관련이 있을까? 또 나의 삶과의 관련성은 무엇일까? 나의 열네 살 아들과 열한 살 딸의 삶과 무슨 연관이 있을까?

나는 관련이 있다고 생각해. 1차대전은 심지어 우리의 삶과 많은 관계가 있다고 생각해. 언뜻 보면 상관이 없을 듯싶지만, 좀 더 자세히 보면 그렇지 않다는 걸 알 수 있어. 자세히 보는 일은 종종 수수께끼를 푸는 일과 비슷하지만 말이야.

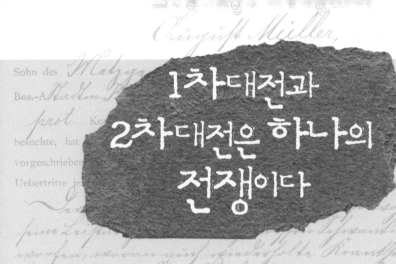

1차대전과 2차대전은 하나의 전쟁이다

많은 역사학자들은

1차대전과 2차대전을 별도의 사건으로 보지 않아.

오히려 1, 2차대전을 합해 1914년에 시작되어 1945년에 끝난.

'제2의 30년전쟁'이라고 말을 하지.

그보다 300년 전인 1618년에서 1648년까지

유럽을 휩쓸었던 30년전쟁에 빗대어 말이야.

내가 뮌헨의 묘지에서 1차대전 중 사망한 이탈리아 청년들의 묘를 발견했을 때는 겨울이었어. 이탈리아군 묘지를 처음으로 봤을 때 나는 아름다움에 감탄했어. 묘석은 기하학적으로 배열되어 있었지. 군인들이 경험했을 끔찍한 전투와는 어울리지 않게 질서정연한 군인묘지의 모습이 매우 아름답더라고.

1915년에서 1918년에 사망한 1778명의 이탈리아인들이 뮌헨의 이탈리아군 묘지에 묻혀 있어. 1778명? 그렇게 많다고? 1차대전에서 전사한 군인들은 무려 900만 명이나 돼. 거기에 약 800만명이 질병과 굶주림으로 사망했지. 그래서 1차대전으로 인해 사망한 사람은 모두 1700만 명이야.

1차대전에서 사망한 프랑스 군인이 2차대전에서 사망한 프랑스 군인의 두 배라는 글을 처음 읽었을 때 난 놀랐어. 1914년에서

1918년 사이에는 130만 명이 사망했고, 1939년에서 1945년 사이에는 50만 명이 사망했대. 영국도 1차대전 사망자 수가 1939년에서 1945년 사이 사망자 수의 두 배야. 이탈리아의 경우 2차대전에 사망한 군인이 33만 명이고, 1차대전이 약 46만 명이지. 그중 1778명이 우리 집 근처에 묻혀 있는 거야. 그렇다면 1778명은 많은 수일까, 그렇지 않을까?

1778명이 내 앞에 서 있다고 상상하면 정말로 많은 수가 틀림없어. 여름휴가 때 이탈리아로 놀러 가서 광장에서 아이스크림을 먹으며 지나가는 이탈리아인들을 구경한다고 생각해 봐. 1778명이면 작은 도시를 이룰 수도 있을 거야. 오늘 나는 뮌헨에서 아들과 딸을 데리고 이탈리아 식당에 가서 피자를 먹었어. 이탈리

1차대전 전사자 수

독일	200만	출처마다 숫자가 약간씩 다르다. 이 리스트의 출처는 《Enzyklopaedie ErsterWeltkrieg》(Hirschfeld, Krumeich, Lenz), 《The Great War Handbook》(Geoff Bridger), Online-Angebot des Deutschen Historischen Museums.
러시아	180만	
프랑스	130만	
오스트리아-헝가리	110만	
오스만 제국/터키	80만	
영국	75만	
이탈리아	46만	
미국	11만 7천	

다리를 잃은 걸 기념합니다

뮌헨 공원 묘지에 있는 이탈리아군 묘.

아 아이스크림 가게에서 아이스크림도 사 먹었지. 그런데 불과 몇백 미터 떨어지지 않은 곳에 1차대전 때 사망한 이탈리아인들이 묻혀 있다니…….

우리의 단골 피자가게와 아이스크림 가게에서 멀지 않은 곳에 묻혀 있는 이탈리아 군인 중 나랑 이름이 비슷한 사람도 있어. 니콜라 탐부라노라는 사람이지. 니콜라 탐부라노는 1917년 크리스마스 연휴 첫날에 세상을 떠났어. 어디서 어떻게 죽었는지는 알 수 없어. 역사책을 보니 이탈리아는 1차대전 초기에는 전쟁에 참여하지 않고 중립을 지키다가 1915년에 오스트리아-헝가리 제국에 대해 선전포고를 했다더군. 그로써 이탈리아는 독일의 적대국이 되었어. 오스트리아-헝가리 제국과 독일은 동맹국이었기 때문이지. 1916년 8월, 이탈리아는 독일 제국에 대해서도 전쟁을 선포했어.

그로부터 3년간 이탈리아는 적대국과 치열한 전투를 벌였어. 알프스에서도 치열한 전투가 벌어졌지. 니콜라 탐부라노는 알프스에서 죽었을지도 몰라. 하지만 독일 어딘가에 전쟁 포로로 억류되어 강제노동을 하다가 사망했을지도 모르지. 어느 나라가 어느 나라와 싸웠는지, 언제 왜 싸웠는지에 대해서는 나중에 더 자세히 살펴보려고 해. 지금은 우선 몇몇 사람들의 이야기를 들려줄게. 직접적으로는 아니지만, 나의 외할아버지와 관계가 있는 사람들, 그로써 나와도 관계가 있는 사람들 이야기야.

뮌헨에 있는 이탈리아군 묘지에는 1차대전에서 전사한 사람들 말고, 2차대전에서 사망한 군인도 1460명이 있어. 정확히 말하면 2차대전과 연관해서 사망했다고 말해야 하겠지. 그들 중 많은 사람들은 2차대전이 끝났을 당시 아직 살아 있었으니까. 그들은 가령 뮌헨의 다카우 강제수용소에 억류되어 있다가 1945년 4월 29일 미군에 의해 풀려났어. 그러나 많은 사람들은 강제수용소에서 몸이 너무 쇠약해진 나머지 풀려난 뒤 얼마 되지 않아 죽었지.

한 이탈리아인이 뮌헨 묘지에 묻힌 이탈리아인 몇백 명에 대해 명단을 작성하고, 짧게 인적사항을 기록해 놓은 자료가 있어. 명단을 만든 사람은 로베르토 잠보니라는 사람인데, 로베르토 잠보니는 특히나 한 사망자에게 관심이 있었어. 루치아노 잠보니, 바로 자신의 삼촌이었지.

루치아노 잠보니는 1945년 5월 4일, 스물두 살의 나이로 사망했어. 그보다 며칠 전인 4월 23일, 미군이 루치아노 잠보니가 갇혀 있던 오스트바이에른의 플로센뷔르크 강제수용소의 문을 열어 주었지. 조카 로베르토가 삼촌의 짧은 생애에 대해 인터넷에 올려놓은 영상을 보니까 루치아노 잠보니는 2차대전 말 독일이 주둔해 있던 북이탈리아의 한 지방에 살고 있었어. 하지만 군인

뮌헨에 안장된 이탈리아 군인들 중 많은 수는
전쟁 포로였어.

루치아노 잠보니는 독일의 강제수용소에서
끝내 살아남지 못했어.

이 되어 싸우는 건 거부했지. 그래서 탈영병이 되었어. 하지만 결
국 붙잡혀서 독일로 끌려왔대. 그리고 '정치범'으로 플로센뷔르크
강제수용소(정치범 수용소)에 억류되어, 제대로 먹지도 못한 채 비
인간적인 노동을 하다가 병에 걸렸지. 그래서 미군이 풀어 주긴
했지만, 며칠 안 되어 곧바로 세상을 떠났어. 그리고 1939년에서
1945년 사이에 사망한 1000명이 넘는 다른 이탈리아인들과 함
께 뮌헨에 묻혔지. 1차대전 중 사망했던 1800명의 이탈리아인들
옆에 말이야.

뮌헨에 묻힌 젊은 이탈리아인들은 나의 할아버지, 그리고 나와
무슨 관계가 있을까? 1차대전에서 죽은 이탈리아인들은 나의 할
아버지가 부상당했던 전선에서 싸우지는 않았어. 하지만 그들은
독일과 오스트리아-헝가리 제국, 즉 '동맹국(Central Powers)'의

반대편에 속했지. 따라서 사망한 이탈리아 군인들은 나의 할아버지가 속한 독일군의 적이었던 거야. 원수였던 거지.

2차대전에서 죽은 이탈리아인들과 나의 할아버지도 관련이 있어. 이 시기에도 나의 할아버지와 강제수용소에 억류된 이탈리아인들은 서로 반대편이었거든. 이탈리아 정부가 독일 나치의 동맹국이긴 했지만, 정부에 동조하지 않는 이탈리아인은 독일 강제수용소에 억류되었어. 우리 집 근처 군인묘지에 묻힌 많은 이탈리아인들처럼 말이야. 루치아노 잠보니 같은 탈영병들이나 유태인, 공산주의자들이 그들이었지.

우리 할아버지는 1차대전 후 나치당원이 되었어. 1933년부터 강제수용소를 지은 사람들을 정치적으로 지지했던 것이지. 나치에 협력해야 한다는 것이 할아버지의 정치적 확신이었어. 예수님 말씀을 설교하던 개신교 목사였는데 말이지. 정말 어울리

✚

1945년 3월, 플로센뷔르크 강제수용소의
수감자들.

지 않는 조합이었어. 하지만 제3제국 시대(나치가 집권한 1933년 에서 1945년까지의 독일―옮긴이)에는 이런 사람들이 드물지 않았 어. 우리 할아버지와 같은 사람들은 자신들을 '독일 그리스도인 (Deutsche Christen)'이라 부르며 기독교의 십자가와 나치의 하 켄크로이츠(Hakenkreuz, 독일 나치의 상징. '갈고리'를 뜻하는 '하켄 [Haken]'과 '십자가'를 뜻하는 '크로이츠[Kreuz]'가 합쳐진 말―옮긴이)를 연결시키고자 했었지.

나는 이 일이 할아버지가 1차대전에서 경험한 것과, 1차대전 뒤 몇 년간 독일이 경제적으로 추락한 것의 연장선상에 있다고 생각해. 이런 경험이 할아버지를 나치로 만들고, 1945년까지 나 치로 남게 했지.

많은 역사학자들은 1차대전과 2차대전을 별도의 사건으로 보 지 않아. 오히려 1, 2차대전을 합해 1914년에 시작되어 1945년 에 끝난, '제2의 30년전쟁'이라고 하지. 그보다 300년 전인 1618 년에서 1648년까지 유럽을 휩쓸었던 30년전쟁에 빗대어 말이야. 1914년부터 시작되었던 대량살상과, 파시즘, 나치 정권, 1939년 에 시작된 또 한 번의 세계대전―이 모든 것은 거의 빈틈없이 서 로 맞물려 있어. 이런 오랜 세월 동안 전쟁을 하지 않았다면, 세계 는 지금과는 많이 다른 모습일 텐데……

'독일 그리스도인'들은 나치 정권을 지지했어.

독일에서 나치 정권이 탄생한 것은 1차대전과 많은 관계가 있어. 1914년에서 1918년까지 벌어진 1차대전은 1933년부터 시작된 강제수용소 건설, 나치의 대량학살과 아주 관계가 깊지. 이때 나치의 세계관에 맞지 않는 많은 사람들이 학살되었어. 루치아노 잠보니 같은 탈영병, 공산주의자, 동성애자, 그리고 특히 유대인들이었지. 우리 할아버지가 1차대전 후 20년간 어떤 경험을 했는지 자세히는 모르겠어. 하지만 할머니는 나중에 내게 뭐라고 했는지 알아? "나는 단순히 동조자만은 아니었다. 나는 이미 1933년 이전부터 유대인을 싫어했거든."이라고 말씀하셨어.

반유대주의가 1933년 나치에 의해 갑자기 시작된 것은 아니야. 유대인을 적대시하는 경향은 전 유럽적으로 수백 년 전부터 있어 왔지. 독일에서도 마찬가지였어. 그리고 1918년 이후, 이런 반유대주의는 점점 심해졌어. 독일이 1차대전에 패배하자, 많은 사람들은 그것이 군대의 잘못도, 황제의 잘못도, 정부의 잘못도 아니라고 보았어. '유대인'을 비롯한 배신자들이 연합군과 내통했기 때문이라고 보았지. 이런 생각을 역사책에서는 '등 뒤의 칼 이야기(혹은 등 뒤의 칼 찌르기 이야기, Dolchstosslegende[독일어], stab in the back legend[영어])'라고 불러.

1차대전에 참전했건 안 했건, 그 시대 많은 독일 사람들은 이렇게 생각했던 것 같아. "우린 아무 잘못도 하지 않았어. 하지만 나쁜 사람들에게 속았고 굴욕을 당했지. 이런 나쁜 세력들에게 복수할 거야."

물론 우리 할머니 마르타 뮐러와 할아버지 아우구스트 뮐러가 개인적으로 유대인들을 괴롭혔던 것은 아니야. 강제수용소에 갇힌 사람들을 학대하지도 않았어. 할아버지는 목사이지, 강제수용소 경비원이 아니었으니까. 우리 할아버지는 제3제국 시대에 아무도 죽인 일이 없었어. 하지만 할아버지는 나치가 독일에서 정권을 잡는 것을 도왔어. 그리고 나치가 정권을 잡자 계속 나치를 지지했지. 할머니도 마찬가지였고. 1차대전이 끝나고 15년 후, 많은 사람들이 다시금 독일이 강한 나라가 되어야 한다고 주장했는데, 우리 할머니와 할아버지도 그런 사람들 축에 들었어. 역시나 1차대전에 참전했다가 패하고 돌아온 히틀러 아래에서 뭉쳐야 한다고 생각했지.

그러나 1차대전이 독일에서만 독재정권을 탄생시켰던 것은 아니야. 이탈리아에서도 1차대전이 끝나자마자 '강한 남자'를 원하는 목소리가 높아졌지. 이탈리아에서는 베니토 무솔리니가 강한 남자 역할을 했어. 무솔리니 역시 아돌프 히틀러처럼 1차대전에 참전했던 사람이었지. 1919년 무솔리니는 다른 사람들과 함께 전투자동맹을 조직했어. 전투자동맹 회원들은 파시스티(fascisti), 즉 파시스트라 불렸고. 1922년부터 권력을 잡은 무솔리니 정권

1차대전의 아돌프 히틀러

1차대전이 시작될 당시 아돌프 히틀러는 스물다섯 살이었어. 그는 오스트리아 출신으로 1914년 8월에 뮌헨에 거주하고 있었고 뚜렷한 직업이 없는 사람이었어. 히틀러는 1차대전이 일어나자 자원해서 바이에른 군대에 입대했어. 그리고 프랑스를 상대로 싸웠지. 그렇다고 뭐 전투에서 중요한 역할을 했던 것은 아니야. 그는 하사로 낮은 계급이었고, 연락병으로 소식을 전달하는 일을 맡았지. 나중에 히틀러는 전쟁을 "내 인생에 가장 잊지 못할 최고의 시간."이라고 말했어. 영국의 역사학자 이언 커쇼는 전쟁이 히틀러를 아주 급진적이고, 고통에 둔감한 인간으로 만들었다고 했어. 커쇼는 1914년 이후 독일 사회의 변화된 분위기가 나치 독재를 예비했다고 보았어. "전쟁이 아니었다면 히틀러 같은 사람이 연방 수상직에 오른다는 건 상상할 수 없는 일이었을 것이다."라고 했어.

을 파시스모(fascismo), 즉 파시즘 정권이라고 하지. 이탈리아의 파시스트들은 독일 나치와 긴밀하게 협력했어. 이런 협력 때문에 루치아노 잠보니 같은 이탈리아인들이 1940년대에 독일로 이송되어 강제수용소에 갇혔던 거야. 그리하여 이탈리아인들은 루치아노 잠보니 같은 사람들을 '나치파시즘'의 희생자라고 해. 독일의 나치와 이탈리아의 파시스트가 한통속이었으니까.

우리 할머니, 할아버지와 그 시대의 다른 분들이 대체 무슨 생각을 했던 걸까 생각하면 일단 거부감이 들어. 우리 할머니는 퀴르트에서 몇 년간 학교를 다녔는데, 그 지역에는 꽤 커다란 유대인 공동체가 있었기 때문에 유대인 친구들이 많았거든. 그런 할머니가 어떻게 나중에 자기 친구들의 가정이 권리를 다 빼앗기고 어려움을 겪는 걸 아무렇지도 않게 생각할 수 있었는지 정말 이해가 안 가. 할머니, 할아버지는 나치 독재 시대에 얼마나 많은 유대인들이 죽임을 당했는지 잘 몰랐을 수도 있어. 하지만 유대인들이 재산을 다 빼앗기고, 직업도 빼앗기고, 살던 지역에서 추방당하는 건 분명히 보았을 텐데……. 할머니, 할아버지는 그것을 나쁘게 생각하지 않았던 것이 틀림없어. 아니 그 반대였지.

어릴 적 할머니 집 거실에 〈데어 슈튀르머〉라는 신문이 놓여 있는 걸 본 적이 있어. 그때 신문 1면에 실렸던 기사가 아직까지도 기억나. 흉악한 유대인이 예쁜 금발 독일 아이의 목을 따서 피를 흘리게 한다는 내용이었어. 그것이 유대인들의 희생제라고 하면서, 그 제의에 인간을 바쳐야 하는데, 기독교도 아이들의 피를 흘려야 한다고 되어 있었지. 그러므로 독일인들은 무슨 수를 써서든 그런 일을 막아야 한다고 써 있었어.

　그 일을 생각하면 참 기가 막혀. 할머니, 할아버지는 어떻게 그런 신문을 사서 읽을 수 있었을까? 할머니, 할아버지의 젊은 시절, 이 세상은 과연 어떤 세상이었을까? 할아버지는 전쟁에 참여해서 과연 어떤 경험을 한 것일까? 어떤 사람이 되어 전쟁에서 돌

신문 〈데어 슈튀르머〉는 유대인을 박해했어.

아왔을까? 그리고 이 모든 것은 오늘날의 세계와 어떤 관련이 있을까? 나아가 우리 할아버지 아우구스트 뮐러가 대량살상에 뛰어들었을 때, 독일과 유럽은 대체 어떤 모습이었을까? 할아버지는 청년 때 어떤 세상을 접했던 것일까?

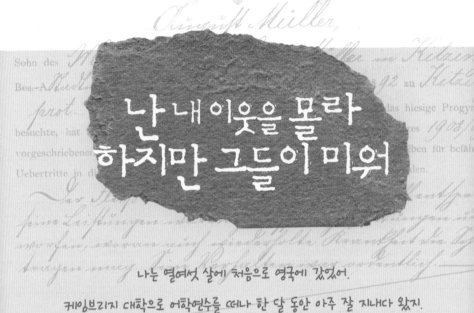

난 내 이웃을 몰라 하지만 그들이 미워

나는 열여섯 살에 처음으로 영국에 갔었어.

케임브리지 대학으로 어학연수를 떠나 한 달 동안 아주 잘 지내다 왔지.

우리 할아버지는 젊을 때 "하느님이 영국을 벌하시기를." 이라는

말을 입에 달고 살았는데 말이야.

사실 나는 처음에 이런 문장을 듣고 웃음을 터뜨릴 뻔했어.

너무나 말이 안 되는 것 같아서……

할머니 댁 거실에는 할아버지가 청년 때 찍은 사진이 걸려 있었어. 할아버지는 회원으로 있던 대학생연맹의 모자를 쓰고 계셨지. 할아버지는 신학을 공부하고 목사가 되려고 했어. 할아버지가 아주 경건하고 믿음이 좋아서는 아니었을 거야. 당시 목사, 교사, 의사, 변호사는 썩 괜찮은 직업들로 여겨졌거든. 목사가 되면 그나마 바람직한 가정생활을 영위할 수 있다고 생각했어.

외할머니의 아버지, 즉 외할아버지의 장인어른도 목사였어. 할아버지가 자신의 가문은 수백 년을 거슬러 올라가도 친척 중에 유대인이 없다는 걸 보여 주려고 작성했다는 족보를 보니 거의 두 직업이 주를 이루고 있더라. 대부분 목사 아니면 정육점 주인(도살업자)이었어.

　우리 증조할아버지와 할아버지가 가졌던 생각은 내가 나중에 종교 수업과 성서 수업 때 배운 것과는 완전히 달랐어. 나는 다

✚

전쟁에서 부상을 당하기 전 대학생 때의 아우구스트 뮐러.

른 아이들과 더불어 이스라엘 노래를 불렀어. 가사는 가령 이런 것이었지. "당신에게 평화를." 그러나 어머니에게 들은 이야기로는 나의 증조할아버지는 1914년 "하느님이 영국을 벌하시기를." 이라는 말로 설교를 끝맺었다고 해.

"하느님이 영국을 벌하시기를."이라는 말은 에른스트 리사우어라는 사람이 쓴 시 '영국을 미워하는 노래'에 들어 있는 문장이야. 리사우어는 영국을 미워하는 내용의 시 같은 걸 썼는데 가령 이런 것이었지.

우리가 미워하는 건 단 하나
우리는 하나되어 사랑한다네.
우리는 하나되어 미워한다네
우리의 적은 단 하나.

"하느님이 영국을 벌하시기를."이라는 말이 이런 미움의 노래에 들어 있었어. 이 말은 100년 전에 무지무지하게 유행한 말이었지. 인터넷을 검색해 보니 이 문장이 적힌 수많은 엽서와 스티커가 제작되었고, 심지어 블라우스·와이셔츠 소매 단추·조개탄에도 이 말이 새겨져 있더라고. 많은 사람들, 특히 군인들은 이 말로 인사를 나누고는 했어. "하느님이 영국을 벌하시기를."이라고 인사하면 상대방은 "그가 그리하시기를!"이라고 답인사를 했지.

나는 열여섯 살에 처음으로 영국에 갔었어. 케임브리지 대학으로 어학연수를 떠나 한 달 동안 아주 잘 지내다 왔지. 우리 할아버지는 젊을 때 "하느님이 영국을 벌하시기를."이라는 말을 입에 달고 살았는데 말이야. 사실 나는 처음에 이런 문장을 듣고 웃음을 터뜨릴 뻔했어. 너무나 말이 안 되는 것 같아서……. 물론 할아버지에게는 당연하고 진지한 말이었지. 너무나 당연한 말이라서 할아버지는 한 번도 "독일 황제의 어머니가 영국인인데 어떻게 우리 독일이 영국을 미워할 수 있어요?"라고 묻지 않았을 거야. 지배자들의 집안끼리야 늘상 서로 결혼을 하곤 했지. 그리고 지배자들이 자신들의 백성들을 전쟁에 내보내 서로 싸우도록 했던 것도 늘상 있던 일이고.

우리 할아버지 아우구스트 뮐러는 한 번도 그런 생각을 해보지 않았을 거야. 그는 스물두 살에 독일 제국 군복을 입고 젊은 프랑

당시 전쟁을 선전하던 문구를 보면 정말 우스울 지경이야.
"죽음을 넘어" "나는 영국이 싫다"(왼쪽), "하느님이 영국을 벌하시기를"(오른쪽).

다리를 잃은 걸 기념합니다

스인들과 싸우러 난생처음 고향을 떠났어. 그때까지는 자신이 태어난 키칭엔 반경 100킬로미터 밖으로 나가 보지 않았을 거야. 프랑켄 지방만 왔다 갔다 했겠지. 그것이 아우구스트 뮐러의 세계였어.

다른 지역의 소식을 전해 주는 라디오 같은 것도 없었어. 라디오는 1923년에야 상용화되기 시작했거든. 텔레비전과 인터넷이 없던 건 당연하고. 신문은 있었지만 대다수의 독일인들처럼 그렇고 그런 생각을 하는 사람들이 쓰는 기사였지. 하느님이 영국을 벌하시기를! 다른 내용은 쓰려고 해도 쓸 수가 없었어. 검열이 있기 때문이었지. 독일은 민주주의 국가가 아니라 제국이었고, 황제는 비판적인 의견을 좋아하지 않으니까 말이야.

당시 세계가 얼마나 좁았는지 우리 어머니가 해준 이야기를 들어 볼래? 1914년 전쟁이 시작되었을 때, 바이에른 주 바트키싱엔에서 성난 군중들이 할아버지의 여동생, 그러니까 우리 엄마의 고모를 에워쌌어. 그도 그럴 것이 이분은 굉장히 날씬하고 키가 크고 피부가 하얗고 붉은 금발 머리칼을 가지고 있었거든. 한마디로 프랑켄 지방 사람들이 생각하는 영국 여자의 이미지에 딱 들어맞는 외모였던 거야. 그래서 거리에서 엄마의 고모를 본 누군가가 "영국 스파이다!" 하고 외치자 한 무리의 사람들이 거기에 동조를 하더래.

사람들은 그분을 붙잡아 경찰서로 끌고 갔어. 그리고 그곳에서 그분도 프랑크 지방 사람이라는 것, 바이에른 왕과 독일 황제의 백성이라는 것이 밝혀졌다지 뭐야. 난 이 이야기가 무척 우습다고 생각했어. 당시 사람들은 어쩜 그리 멍청하고 생각이 좁았을까 하는 생각이 들었어. 그러나 내가 그 시대에 살았고, 그 시대 사람들과 똑같은 것을 보고 듣고 경험했다면 나라고 더 나을 수 있었을까?

독일 사람들이 얼마나 전쟁에 열광했었는지에 대해 좀 엇갈리는 기록들이 있어. 하지만 아무튼 간에 우리 할아버지가 젊었을 때 약간 특이한 분위기가 지배했던 것은 사실이야. 전쟁은 피할 수 없는 것이라는 생각이 도처에 퍼져 있었지. 유럽인들은 수년간의 전쟁으로 어마어마한 사상자가 생길 거라는 생각은 하지 못

치명적인 오해

젊은 영국인 줄리앙 그렌펠의 글을 보면 유럽의 많은 군인들이 얼마나 잘못된 기대를 품고 전쟁에 나갔는지를 알 수 있어. 그는 이렇게 적었어. "나는 전쟁이 좋다. 전쟁은 커다란 소풍과 같다. 하지만 소풍처럼 하찮은 일이 아니다. 나는 너무나 좋았고, 너무나 행복했다." 그렌펠은 1915년의 어느 봄날 북프랑스 전투에서 중상을 입어 스물일곱의 나이로 숨졌어.

했던 게 확실해. 대부분의 사람들은 전쟁이 몇 주, 혹은 두세 달이면 끝날 것으로 생각했지. 그리고 독일인이건, 오스트리아인이건 프랑스인이건 간에 전쟁이 끝난 후에는 그들의 나라가 더 좋아질 거라고 믿었어.

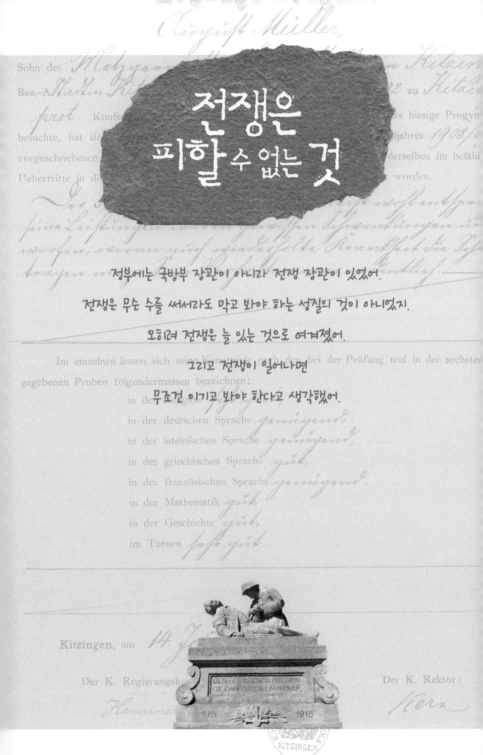

전쟁은 피할 수 없는 것

정부에는 국방부 장관이 아니라 전쟁 장관이 있었어.

전쟁은 무슨 수를 써서라도 막고 봐야 하는 성질의 것이 아니었지.

오히려 전쟁은 늘 있는 것으로 여겨졌어.

그리고 전쟁이 일어나면

무조건 이기고 봐야 한다고 생각했어.

우리 할아버지가 자랄 때는 대부분의 사람들이 전쟁을 피할수 없는 것이라고 굳게 믿었어. 독일이 이웃 나라와 다시 전쟁을 하는 것은 자명한 일이었어. 문제는 그것을 언제 시작할 것인가 하는 것뿐.

그런데 당시 사람들은 어찌하여 전쟁은 해야만 하는 것이라고 생각했을까? 우선 우리 할아버지는 모든 나라가 전쟁을 자신의 이익을 위해 활용할 수 있는 여러 가지 가능성 중 하나로 생각하던 시대에 태어나 자랐어. 그러니 선제공격을 헌법으로 명백히 금하고 있는 현재 독일에서 자란 나와는 생각이 달랐겠지. 우리 할아버지는 프로이센-프랑스 전쟁(보불 전쟁)이 종결되면서 새롭게 탄생한 독일에서 태어났어. 1870~1871년의 프로이센-프랑스 전쟁이 승리로 끝나면서 느슨한 연합을 구성하고 있던 독일의 여러 나라들이 합쳐져 독일 제국이 탄생했거든.

따라서 당시에는 전쟁에 이기면 이래저래 아주 좋은 것으로 여겨졌어. 전쟁에서 사람들이 죽는다는 것은 알았지만, 그것은 어쩔 수 없이 치루어야 하는 대가로 생각했어. 가족들이 슬프긴 하지만 전사자는 영웅 대접을 해줄 거라고 확신했지. 그도 그럴 것이 독일에서는 매년 9월 2일이면 '세당 데이'라고 하여 프로이센-프랑스 전쟁 때 세당에서 프랑스에게 승리를 거둔 날을 기념하고 있었거든.

당시 독일의 도시에서는 거리나 광장에 세당이라는 이름을 붙인 곳이 많았는데, 그것은 그러니까 프랑스와의 우정 때문이 아니었던 거야. 나는 스위스 도시 솔로투른의 이름을 따서 지은 솔로투른 가에 살고 있어. 이건 정말로 친근한 의미에서 이웃 나라의 지명을 따온 것이지. 독일에는 스위스의 지명을 따서 지은 거리 이름이 많이 있어. 하지만 브레멘이나 포르츠하임, 비스바덴에서 세당 광장을 만나게 된다면, 이 이름은 친근함의 표현이 아니라, 프랑스를 제압하고 승리한 것에 대한 자부심이 들어 있는 거라고 할 수 있어.

세당 가 표지판.

그런데 인터넷으로 세당 가나 세당 광장을 검색해 보면 동독의 도시에는 이런 이름이 거의 없다는 게 눈에 띌 거야. 동독에서는 2차대전 이후 세당이 들어간 지명을 다른 이름으로 바꾸었어. 가령 드레스덴은 전에 세당 슈트라세(세당 가)로 부르던 거리를 호흐슐 슈트라세(대학 가)로 변경했어. 2차대전 이후 동독에서 정권을 잡았던 사회주의자들은 거리명에서 독일 제국의 승리에 대한 자부심이 풍겨나는 걸 원치 않았거든. 그건 그렇고 1차대전은 동독의 특별한 역사와 아주 관계가 깊어. 동베를린, 라이프치히, 마그데부르크 주민들이 40년간 사회주의 체제에서 살게 된 토대는 1차대전 말인 1917년에 놓여졌거든(196쪽 '혁명의 짧은 겨울' 장 참고).

자, 그럼 다시 우리 할아버지에게로, 그리고 그가 왜 전쟁에 참여했는지 하는 물음으로 돌아가 볼까? 우리 할아버지가 오랫동안 살았던 뇌르틀링겐 시내에는 분수가 있어. 이 분수는 승전 기념 분수로, "1870~1871년 프랑스에 대한 영광스런 출정을 기념하여 건립되었다."라고 새겨져 있지. 분수에는 서로 싸우는 전사들의 모습이 금속으로 주조되어 있어. 영광스런 전투 장소가 적혀 있고, 그 전쟁에서 전사한 뇌르틀링겐 주민의 명단이 나와 있지. 그러나 어디에도 슬퍼하는 말이나 평화에 대한 염원 같은 것은 찾아볼 수 없어.

베를린의 전승 기념탑 역시 훗날 관광객들이 사진 찍는 장소로 이용하라고 지어진 것이 아니야. 베를린에서 전승 기념탑이

뇌르틀링겐에 있는 '승전 기념 분수'는
1871년 '프로이센-프랑스 전쟁'의 승리를 기념한다.

기리는 승리 중 하나는 1871년 프랑스에 대한 승리야. 나의 할아버지가 자랄 때 전쟁은 기본적으로 나쁜 것이 아니었지.

정부에는 국방부 장관이 아니라 전쟁 장관이 있었어. 전쟁은 무슨 수를 써서라도 막고 봐야 하는 것이 아니었지. 오히려 전쟁은 늘 있는 것으로 여겨졌어. 그리고 전쟁이 일어나면 무조건 이기고 봐야 한다고 생각했어.

유럽의 다른 나라들도 마찬가지였어. 프랑스는 1871년 독일과의 전쟁에서 패배한 것에 대해 기분 나빠했어. 많은 프랑스인들은 프랑스가 이 전쟁에서 알자스와 로렌 지방을 독일에게 넘겨준 것에 화가 나 있었지. 이 지역의 역사는 프랑스와 독일의 관계가 오랜 세월 얼마나 복잡했었는가를 보여 줘. 우리 할아버지가 젊었을 때 알자스와 로렌은 독일 제국의 영토였어. 독일에서는 그것을 아주 올바르고 합당하다고 생각했지. 하지만 이 지역이 독일의 영토가 된 것은 그리 오래전 일이 아니었어. 할아버지가 태어났을 때는 알자스·로렌이 독일에 합병된 지 21년밖에 안 되었을 때였지. 그전에 그 지방은 오랫동안 프랑스에 속해 있었어. 물론 그전에는 또 독일에 속해 있었지만, 17세기부터 조금조금씩 프랑스가 지배하기 시작했거든. 부분적으로 평화로운 방식으로 부분적으로는 별로 평화롭지 못한 방식으로 말이야. 그리고 나서 1871년에 새로운 독일 제국은 두 지역이 독일과 프랑스 사이에서 왔다 갔다

하던 것에 종지부를 찍고 프랑스로부터 완전히 빼앗아 버렸어. 새로 성립된 독일 제국은 영토를 서쪽으로 확장했지.

우리 할아버지가 학교에서 프랑스어를 배울 당시, 많은 프랑스인들은 이런 알자스·로렌 지방의 합병을 아직 인정하지 못하고 있었어. 프랑스인들과 독일인들은 서로를 '숙적'으로 보았지. 그럼에도 독일의 김나지움(인문계 중고교 과정) 학생들은 순순히 외국어 과목으로 프랑스어를 배웠어. 그도 그럴 것이 프랑스어는 문화의 언어이고, 고상한 언어라는 명성을 가지고 있었거든. 프랑스의 철학자 볼테르가 1750년 프로이센 궁정을 방문하고 "이곳은 프랑스다. 사람들이 계속 프랑스어로 이야기한다."라고 쓴 것도 다 그런 맥락이었지.

　따라서 할아버지는 우습게도 프랑스와 전투하러 떠나기 불과 얼마 전에 대학입학자격시험에서 프랑스어 시험을 치렀던 거야. 그러나 우리 할아버지가 자랄 때는 프랑스어를 공부하는 것과 프랑스와 독일이 앙숙인 것은 별개의 문제였어. 이웃 나라를 친구가 아니라 경쟁자로 보았지. 다른 나라보다 더 위에 있으려고 부단히 애를 썼어. 우위를 쟁취하지 못하면 다른 나라에게 먹혀 버릴까 봐 겁을 냈지. 당시에는 그런 생각이 많은 사람들의 머릿속에 뿌리 내리고 있었어. 영국 학자 찰스 다윈은 19세기 중반, '적자생존'이 동물계의 생존원칙이라고 정의했어. 가장 힘센 자,

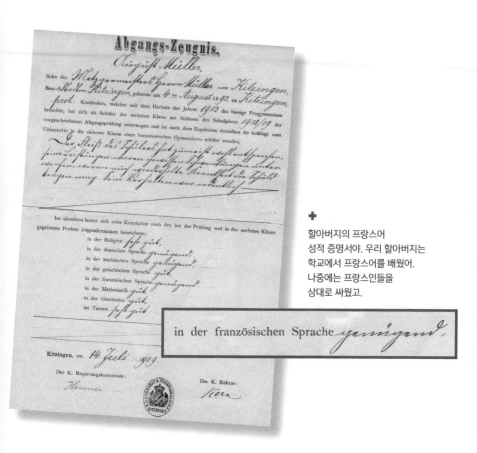

할아버지의 프랑스어
성적 증명서야. 우리 할아버지는
학교에서 프랑스어를 배웠어.
나중에는 프랑스인들을
상대로 싸웠고.

in der französischen Sprache

가장 적응을 잘한 자가 살아남는다는 것이었지. 할아버지가 젊었
을 때 이런 원칙은 인간 사회에도 적용되는 것이었어. 강한 자, 강
함을 보이는 자만이 성공한다는 것은 사회다윈주의(소셜다위니즘:
social Darwinism)의 기본 생각이야. 국가들도 살아남기 위해 부단
히 애를 써야 한다고 보았지. 그러기 위해 전쟁도 해야 하는 것이
었어.

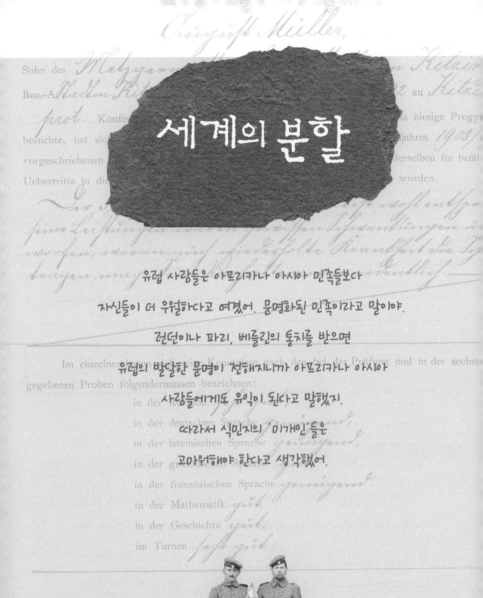

세계의 분할

유럽 사람들은 아프리카나 아시아 민족들보다

자신들이 더 우월하다고 여겼어. 문명화된 민족이라고 말이야.

런던이나 파리, 베를린의 통치를 받으면

유럽의 발달한 문명이 전해지니까 아프리카나 아시아

사람들에게게도 유익이 된다고 말했지.

따라서 식민지의 '미개인'들은

교아원해야 한다고 생각했어.

할아버지가 젊었을 적, 대부분의 유럽 사람들은 국가는 힘이 필요하며, 힘을 계속해서 쟁취해야 한다고 보았어. 이런 힘은 신이 부여한 것이라고 여겼지. 그래서 유럽의 나라들은 유럽에만 머물지 않고 세계 전역에 자신들의 영토를 확보하기 시작했어. 영국과 프랑스는 19세기에 식민지를 건설했어. 식민지는 케냐, 인도, 홍콩 등 지구 곳곳에 있었지. 영국 사람들은 아시아와 아프리카의 민족에게 무엇을 해야 하고 무엇을 하지 말아야 할지를 정해 주는 것이 아주 당연하다고 생각했어. 프랑스 역시 아프리카의 많은 지역과 아시아의 몇몇 지역을 확보했고, 20세기 중반 그곳 사람들이 먼 유럽에서 온 지배자들에 대항해 들고 일어났을 때 많은 사람들이 목숨을 잃었지.

하지만 영국과 프랑스의 젊은이들도 이런 기막힌 식민주의를 위해 싸우다가 죽었어. 프랑스의 한적한 시골 마을에 살던 젊은이들까지도 징집되어 세계 각처의 전쟁터로 나갔지. 내가 곧잘 휴가를 가곤 하는 지중해의 작은 섬 코르시카 젊은이들도 예외가 아니었어. 코르시카 마을의 한 묘비에는 이 마을에서 1차대전에 참전했다가 전사한 사람들의 이름들이 죽 적혀 있었는데 아주 많았어. 뿐만 아니라 인도차이나, 즉 지금의 베트남에서 사망한 젊은이들의 이름도 있었지. 그중 앙주 스트라보니라는 청년은 스물한 살에 인도차이나에서 사망한 걸로 되어 있더라고. 코르시카 청년들은 알제리에서도 목숨을 잃었어. 우스 니콜라이라는 청년은 스무 살에 그곳에서 사망한 걸로 되어 있었어. 1940년에서 1960년까지 프랑스가 식민지를 지키기 위해 벌였던 전쟁에서 전사한 젊은이들이야.

✛

프랑스 식민전쟁 전사자들을 위한 추모비.

우리 할아버지가 젊었을 때 영국과 프랑스는 열강이었어. 독일은 그들에게 뒤진다고 느꼈지. 그래서 독일 제국은 영국과 프랑스처럼 열강의 대열에 들기 위해, 나아가 세계에서 가장 중요한 나라가 되기 위해 무엇이든 하고자 했어. 1919년 독일의 빌헬름 그뢰너 장군은 "우리는 무의식적으로 세계 패권(패권주의)을 지향했다."라고 말했어. 아프리카와 아시아의 식민지들도 이런 패권 아래 있어야 했지. 한동안 독일은 세계 패권을 향해 나아가는 듯 보였어. 독일 제국은 아프리카의 점점 더 많은 지역들을 야금야금 자신의 지배하에 두게 되었지. 카메룬, 독일령 남서아프리카, 독일령 동아프리카 등 오늘날의 나미비아, 탄자니아, 르완다, 부룬디 같은 나라들이었어.

여행사 카탈로그를 뒤적이다가 나미비아에서 독일 문화의 흔적을 따라가는 여행이 소개된 걸 보았어. 여행자들은 예전의 '독일령 남서아프리카'로 여행을 떠나게 되는 것이지. 왜 많은 독일 교회가 아프리카의 탄자니아에 자매교회를 두고 있나 했더니, 정답은 바로 그것이었어. 독일 사람들은 아프리카의 다른 나라들보다는 아무래도 예전에 독일령 동아프리카에 속했던 지역에 더 친근감을 느끼기 때문이었던 거지. 물론 오늘날 대부분의 독일 사람들은 지금의 탄자니아가 예전에 독일의 지배를 받았던 지역이라는 걸 전혀 알지 못하지만 말이야.

독일은 태평양의 마셜 제도나 마리아나 제도에서도 식민지를 정복했어. 그리고 오늘날 중국에 속한 지역들도 독일의 깃발을 게양하기에 적합하다고 보았지.

그리하여 중국의 칭다오 북서부에 있는 자오저우 지역도 1898년부터 독일 제국의 식민지였어. 공식적으로는 중국이 자우저우를 독일에 임대한 것으로 되어 있지만, 독일 해군이 그곳 기념비 앞에서 찍은 사진을 보니, 기념비에 독일의 장군 디더리히스가 "자오저우 지역을 점령했다."라고 되어 있더라고. 결코 동등한 파트너 사이의 합의에 의한 임대계약이 있었던 것 같지는 않아.

독일에서 이런 제국주의에 대해 양심의 가책을 느끼는 사람은 거의 없었어. 프랑스나 영국, 벨기에도 마찬가지였지. 유럽 사람들은 아프리카나 아시아

자우저우만 기념비 앞에서 포즈를 취한 독일 해군.

다리를 잃은 걸 기념합니다

민족들보다 자신들이 더 우월하다고 여겼어. 문명화된 민족이라고 말이야. 런던이나 파리, 베를린의 통치를 받으면 유럽의 발달한 문명이 전해지니까 아프리카나 아시아 사람들에게도 유익이 된다고 말했지. 따라서 식민지의 '미개인'들은 고마워해야 한다고 생각했어.

또한 각 민족은 각각의 이웃 나라에 대해서도 우월하다고 느꼈어. 자기 나라만 제일인 줄 알고 다른 나라는 무시하는 태도를 19세기 이래로 쇼비니즘(맹목적 국수주의)이라고 불러. 1831년 프랑스의 한 연극 작품에 등장하는 광신적 애국주의자 '쇼뱅'에서 유래한 말이지. 쇼뱅이라는 이름이 정신적 태도를 칭하는 말이 된 거야. 쇼비니스트(맹목적 국수주의자)는 프랑스뿐 아니라, 전 유럽에 있었고 과거뿐 아니라 현재에도 그런 사람들이 있지.

그러니까 우리 할아버지는 이런 분위기 속에서 자란 거야. "독일은 크고 자랑스런 나라다. 하지만 위대함을 계속 지니기 위해서는 싸워야 한다. 프랑스와 영국을 비롯한 유럽의 다른 나라들도 크고 힘 있는 나라가 되려고 하기 때문이다." 1904년 영국과 프랑스가 화친협정을 체결했다는 소식이 들려오자 많은 독일인들은 위협을 느꼈어. 여기서 생각해야 할 점은 당시에는 새로운 소식을 듣는 방법이 두 가지밖에 없었다는 거야. 하나는 신문이고, 또 하나는 다른 사람들과의 대화였지.

할아버지의 젊은 시절에는 자유롭게 정보를 얻을 수도 없었고, 어떤 사건에 대해 다양한 시각과 견해를 들을 수도 없었어. 물론 독일에도 약간의 민주주의는 있었지만, 황제와 그가 지명한 정부가 엄청난 권력을 가지고 있었고, 그 권력으로 사람들의 의견을 조종했지. 그리고 많은 사람들은 영국과 프랑스가 독일을 공동으로 제압할 것이라고 생각했어. 1907년 러시아도 영국과 협정을 맺음으로써 영국, 프랑스, 러시아의 삼국협상이 이루어지자, 이제 독일이 의지할 수 있는 유일한 파트너는 바로 오스트리아-헝가리 제국으로 보였지.

독일의 파트너로 남은 오스트리아-헝가리 제국은 상당히 특이한 나라였어. 이 나라는 합스부르크 왕가의 프란츠 요제프가 다양한 민족을 아우르며 통치하고 있었어. 오스트리아인, 헝가리인, 체코인, 슬로바키아인, 폴란드인, 우크라이나인, 슬로베니아인, 크로아티아인들로 구성되어 있었지. 뿐만 아니라 이탈리아인, 세르비아인, 루마니아인, 알바니아인들도 포함되어 있었고.

사실 인류 역사상 많은 민족과 언어가 어우러진 나라가 장기간 유지된 예는 없어. 더구나 19세기부터 오스트리아-헝가리 제국 같은 나라들은 내부로부터 분열될 위험이 점점 높아졌지. 그전까지는 없었던 민족주의가 이 시기에 새로이 대두했거든. 민족주의의 기본 생각은 모든 민족은 자신의 나라를 가져야 한다는 것이었어. 아주 다양한 민족을 결집시키는 오스트리아-헝가리 제국 같은 나라는 민족주의와 부합되지 않는 것이었지.

그리하여 우리 할아버지가 젊었을 당시, 합스부르크 왕가가 통치하는 오스트리아-헝가리 제국은 계속하여 분열될 위험에 처해 있었어. 이 제국이 유지되던 이유는 단 하나, 권력자들이 자신들의 권력을 잃고 싶어 하지 않기 때문이었지. 독일 황제는 오스트리아-헝가리 제국이 흩어지지 않도록 도움을 주어야 했어. 동시에 독일 황제 빌헬름 2세는 오스트리아-헝가리 제국이 자신의 목표를 이루도록 도와주기를 바랐거든. 빌헬름 2세의 목표는 독일을 강력한 나라로 만들어 아무도 자신의 권력을 넘볼 수 없게 하는 것이었어. 할아버지의 청년 시절 당시, 힘 있는 나라들은 힘 있는 왕이나 황제가 다스리고 있었거든. 권력자들은 자신들의 권력을 공고히 하기 위해 계속해서 서로 전쟁을 했지. 그러나 그런 전쟁이 1914년 시작된 1차대전처럼 되리라고는 아무도 예상하지 못했을 거야.

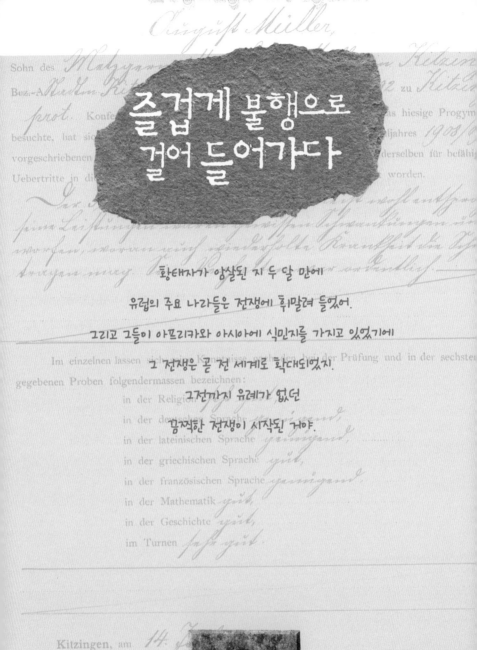

즐겁게 불행으로
걸어 들어가다

황태자가 암살된 지 두 달 만에

유럽의 주요 나라들은 전쟁에 휘말려 들었어.

그리고 그들이 아프리카와 아시아에 식민지를 가지고 있었기에

그 전쟁은 곧 전 세계로 확대되었지.

그전까지 유례가 없던

끔찍한 전쟁이 시작된 거야.

1차대전이 어떻게 일어났는지 알아? 나는 그걸 학교에서 배웠
지만 오랫동안 전혀 이해가 가지 않았어. 우리는 '사라예보 사건'
이 1차대전의 도화선이 되었다고 배웠지. 나중에 본 다른 책에도
그렇게 나와 있었고. '사라예보 사건'이란 1914년 6월 28일, 열아
홉 살의 청년 가브릴로 프린치프가 합스부르크 왕가의 후계자인
프란츠 페르디난트 황태자와 소피 황태자비를 총으로 쏘아 암살
한 사건이야.

당시 오스트리아-헝가리 제국에 속했던 보스니아의 수도 사
라예보에서 오스트리아 황태자가 암살을 당했는데, 그것 때문에
독일이 몇 주 후 벨기에와 프랑스로 진격했단 말이지. 솔직히 말
해 이런 내용을 읽는 사람은 "엥?" 하고 의아한 생각이 들 거야.
그렇지 않아?

　　사람들이 우리 할아버지에게 젊은 프랑스인들을 상대로 싸

워야 하는 이유를 뭐라고 자세히 설명해 주었는지는 잘 모르겠어. 오스트리아 황태자 암살에 대한 보복만이 그 이유는 아니었을 거야. 페르디난트 황태자의 암살은 1914년 여름에 일어난 전쟁에 간접적인 역할만 했을 뿐이지.

전쟁이 점점 다가오고 결국은 기차를 타고 전선으로 나가야 했을 때 우리 할아버지의 기분이 어땠는지 나는 알지 못해. 당시는 '맹목적 애국주의'가 판을 쳤고, 사람들이 전쟁에 대해 열광했다고들 하지. 자원해서 전쟁에 나가는 젊은이들이 믿을 수 없을 만큼 많았어. 가령 화가인 프란츠 마르크도 그랬어. 프란츠 마르크의 작품들은 학교에서 아이들이 곧잘 따라 그리고는 해. 파란 말, 노란 소 등 정말 환상적인 작품들을 남겼지. 그런 예술가가 자원해서 전쟁에 나가고 싶어 했다니 내가 생각할 때는 정말 이상한 일이었어. 하지만 프란츠 마르크는 전쟁에 나가길 원했고, 1916년 동프랑스의 베르됭에서 서른여섯 살의 나이로 전사하고 말았어.

작가인 헤르만 헤세도 전쟁에 자원했어. 나는 청년 시절, 헤르만 헤세의

✛
프란츠 마르크의 작품을 따라 그린
한 아이의 그림.

섬세한 작품들을 읽었지. 요즘도 학교에서는 헤세의 시들을 암송시켜. "이상하여라, 안갯속을 거니는 일은. 모든 덤불과 돌은 저마다 외롭고, 나무들은 서로가 보이지 않는다. 모두가 다 혼자이다." 헤르만 헤세도 자원해서 군에 입대하려고 했어. 젊고 성격이 급해 멍청하게 속아 넘어간 것은 아닐 거야. 1차대전이 시작될 당시 헤세는 이미 서른일곱 살이었거든. 하지만 군대가 받아 주지 않았어. 시력이 너무 나빴거든.

1914년의 한 사진에는 전쟁에 대한 기쁨으로 환호하는 사람들의 모습이 담겨 있어. 이 사진들 중에는 아돌프 히틀러의 모습도 보여. 히틀러가 뮌헨의 오데온스 광장에서 수천 명의 다른 사람들과 함께 열광하고 있는 모습이지. 그 직후 히틀러는 프랑스와의 전투에 투입되었어. 우리 할아버지처럼 말이야.

하지만 다른 시위도 있었어. 각국 정부들이 서로 전쟁을 포고하기 전인 7월에 독일에서만 약 10만 명의 사람들이 평화를 외치며 거리로 나왔어. 프랑스에서도 마찬가지로 평화주의자들이 전쟁을 막아 보고자 했어. 우려의 목소리가 있었다는 기록들도 많아. 전쟁에 나간 많은 아버지, 아들이 돌아오지 못하거나 크게 다쳐서 돌아올 거라는 걸 알았으니까. 모든 사람들이 전쟁에 나가는 걸 정말로 순진하게 소풍처럼 생각했던 건 아니었어.

훗날 독재자가 된 아돌프 히틀러도 전쟁에 환호하던 사람들 중에 끼어 있었어.

어머니는 내게 아주 이상한 이야기를 들려주셨어. 1914년 여름에 며칠 사이를 두고 여섯 명의 젊은이가 증조할아버지를 찾아와 우리 할머니와 결혼시켜 달라고 했다는 거야. 전쟁이 터졌으니 고향에 확실한 여자라도 하나 두고 가야겠다는 생각이었지. 어머니는 나중에 이 일로 할머니를 부러워했다고 말씀하셨어. 하하. 어머니에게는 1914년 8월의 할머니처럼 구혼자가 많지 않았거든.

　가난한 집들은 전쟁을 더 우려했어. 아버지와 아들들이 전쟁에 나가 집에 없으면 경제를 책임질 사람이 없었으니까. 농사나 수공업으로 먹고 살아야 하는 사람들은 대학생들처럼 홀가분하게 전쟁에 나갈 수 없었어.

당시 우리 할아버지가 어떤 기분이었고 무슨 생각을 했는지는 알 수 없어. 일기도 없고 편지도 없어. 하지만 할머니가 기록해 놓은 것들은 있어. 할머니가 젊었을 때 순간순간 다가왔던 시들을 기록해 놓은 작은 노트가 있거든. 가죽 장정에 금테가 둘린 아주 고급스런 노트였어. 할머니는 이 예쁜 노트에 잉크 펜으로 마음에 드는 시들을 적곤 하셨지. 뫼리케나 괴테의 낭만적인 시, 특히 사랑의 시들을 말이야. "하늘로 날아오를 것같이 기뻤다가, 죽을 것같이 우울했다가—사랑하는 영혼만이 행복하네!"

　할머니의 노트에는 아름다운 시들이 있었어. 하지만 당황스런 시들도 있었어. '1914 전쟁시'라는 제목 아래 "게르만의 용맹"

"거룩한 시간" 같은 말이 나오는 시들이 있었어. 칼 프리스라는 사람이 쓴 시는 이렇게 되어 있었어.

무기 앞으로, 깃발 앞으로!
독일 남아들이여, 전쟁으로 나가자!
우리 조상들처럼 싸우러 나가자!
그들처럼 싸워 승리하자!

할머니는 막시밀리안 슈미트라는 시인이 쓴 조금쯤은 경쾌한 시도 적어 놓았더라고.

70년 영웅들의 대열에 품위 있게 줄을 서라.
프랑스인들을 마구 때려눕혔던 그들
곧 다시 볼 수 있으리라.
러시아인들도 그 신세 면치 못하리.

1914년 여름, 대학생이었던 아우구스트 뮐러와 이미 약혼을 했던 우리 할머니는, 그러니까 그의 약혼자가 '프랑스인들을 마구 때려 눕히러' 전쟁에 나가는 데 이의가 없었다는 것을 알 수 있어. 할머니는 이 시기 돌아가는 사건들을 보며 걱정했다기보다는 애국적인 분노를 했던 것 같아. 할머니는 시집에 손수 이렇게 마르타 뮐러가 열여덟 살 때 기록해 놓은 시.

적어 놓았더라고.

동쪽에도 적, 서쪽에도 적.
앞으로, 앞으로.
우리는 겁먹지 않는다!
독일의 전사들은
최고의 전사들.
암, 그렇고말고!

이런 시구들을 기억하며, 역사가들이 묘사한 1차대전 초기의 모습을 읽어 보면, 사라예보 암살 사건이 주는 의미가 정리가 돼. 당시 독일의 지배자들은 자신의 나라를 명실공히 유럽 제일의 나라로 만들고자 했다는 것. 그리고 그것을 방해하는 프랑스와 러시아를 적으로 여겼다는 것. 당시 최고의 함대를 거느린 세계 최고의 식민 제국 영국도 마찬가지로 적으로 생각했다는 것 말이야.

독일 정부의 주된 목표는 프랑스와 러시아를 쳐서, 그들로 하여금 독일의 우세함을 인정하도록 만드는 것이었어. 그 밖에도 프랑스로부터 중요한 산업 지역과 철광석 매장 지역, 탄광 등을 빼앗아 오고자 했지. 그리고 러시아와의 전쟁에 승리하여 영토를 더 늘리고 동유럽에 대한 영향을 공고히 하고자 했어.

그 일들을 어떻게 이룰지에 대해서는 19세기에 독일의 알프레드 그라프 폰 슐리펜 장군이 세워 둔 작전이 있었어. 그의 이름을 따 '슐리펜 계획'이라고 불리는 것이었는데, 이 작전은 독일 군대가 프랑스를 공격해서 두세 주 만에 이긴다는 것이었어. 그리고 그렇게 하려면 독일은 프랑스 군대가 예상하는, 요새가 많은 지역을 공격하면 안 된다고 했어. 즉, 국경 지대에서 싸우면 안 되고, 프랑스의 전략적 요지를 우회해서 훨씬 북쪽의 벨기에를 거쳐 프랑스로 진격해 들어가야 한다고 했지. 이런 방식으로 뒤쪽에서 프랑스 군대를 공격하면 넉넉히 프랑스 수도 파리를 점령할 수 있다고 했어.

슐리펜 계획은 프랑스와의 전쟁에서 삽시간에 승리하여, 그 시점에 프랑스와 동맹을 맺은 러시아가 미처 전투태세를 갖추지 못하게끔 하는 것이었어. 20세기 초만 해도 거대한 러시아 제국에는 철도도 없고 산업도 발달해 있지 않았거든. 그래서 독일의 전략가들

프랑스를 기습 공격하기 위한 '슐리펜 계획'.

은 러시아가 군대를 동원하는 데만 4주 이상의 시간이 필요할 거라고 보았고, 그 정도 시간을 벌면 독일이 이미 파리를 점령하여 프랑스를 쳐부순 다음이므로, 이제 러시아와의 전투에 집중할 수 있다고 생각했어. 슐리펜 계획은 그렇게 하여 두 전선에서 동시에 전쟁을 하는 것을 막아 줄 수 있다고 보았지. 지금이야 그런 전쟁 계획을 세우는 것은 독일의 기본법(헌법)과 형법이 엄격하게 금하고 있지만 말이야. '선제공격 준비'는 종신형까지 선고받을 수 있어. 아무튼 전쟁을 계획하는 경우 최저형량이 10년이지. 하지만 우리 할아버지가 젊었을 당시는 달랐어. 당시 독일 군대가 전쟁을 계획하고 준비하는 것은 아주 당연한 일이었지.

물론 독일 제국도 이웃 나라를 공격하는 것이 그리 쉬운 일은 아니었어. 전쟁을 하려면 명분이 필요하잖아. 국민들에게 무턱대고 싸우라고 할 수는 없지 않겠어? 국민들에게 왜 전쟁을 해야 하는지 이유를 설명해 주어야 했지. 그래서 전쟁은 하고 싶은데 스스로는 명분을 찾지 못하던 차에, 독일의 동맹국이 명분을 제공해 주게 된 거야.

　황제를 중심으로 한 오스트리아-헝가리 제국 정부는 여러 민족으로 구성된 자신들의 나라를 든든하게 결집하고자 했어. 그러다 보니 오스트리아-헝가리는 러시아, 그리고 무엇보다 세르비아와 갈등관계에 있었지. 세르비아를 중심으로 슬라브어를 사용하는 모든 사람이 뭉쳐야 한다는 운동이 일어났거든. 이런 운동을 범슬라브주의라고 하는데 이로 인해 세르비아, 폴란드, 체코, 러시아가 서로 가까워져 있었어. 이들이 뭉치면 빈의 합스부르크 왕가가 지배하는 오스트리아-헝가리 제국은 유지되지 못할 것이었지. 그래서 합스부르크 왕가는 전쟁을 통해 적인 세르비아의 위협을 제거하고자 했고, 러시아 세력도 약화시키고자 했어.

베를린의 독일 정부는 빈의 지배자들과 이런 이해관계에서 일치했어. 그래서 독일과 오스트리아-헝가리 제국은 함께 힘을 모아 러시아를 약화시키고 범슬라브주의를 저지하고자 했지. 러시아와의 전투는 무엇보다 독일이 맡아야 했어. 독일 제국은 러시아, 영국, 프랑스에 포위되어 곤혹스러워하고 있었거든.

그러니 문제는 단 하나였어. 언제가 적당한 시점일까? 어떤 명분으로 전쟁을 시작할 수 있을까? 그런데 1914년 6월 28일, 그 명분이 될 만한 사건이 발생한 거야. 오스트리아의 황태자 프란츠 페르디난트가 암살되자, 당시 러시아·세르비아와 싸우고 싶어 하던 오스트리아-헝가리와 독일 정부는 이 기회를 활용했지. 오스트리아-헝가리 제국은 세르비아 정부를 암살의 배후로 지목했어. 그리고 세르비아의 수도 베오그라드의 정부에게 짧은 시간에 이행해야 하는 최후통첩(분쟁 당사국 가운데 한쪽이 국가 사이의 우호관계를 단절하고, 최종적인 요구를 보내 일정한 기한 안에 그것이 이루어지지 않으면 실력 행사를 하겠다는 뜻을 밝힌 문서—옮긴이)을 보냈어. 사실 오스트리아-헝가리 정부는 세르비아 정부가 사라예보 암살에 정말로 관여했는지에 대해서는 그다지 관심이 없었지.

세르비아는 최후통첩에 응했어. 세르비아는 오스트리아-헝가리 경찰이 암살의 배후를 수색하는 것에도 동의했지. 세르비아는 많은 것들을 양보할 용의가 있었어. 하지만 다른 나라가 자국의 권리에 직접적으로 개입하는 것은 받아들일 수 없었지. 그래서 세르비아는 최후통첩에 담긴 대부분의 항목을 수용하고, 직접적 개입에 관한 항목은 보류했어.

그러자 오스트리아-헝가리 제국은 7월 28일 세르비아에게 선전포고를 했어. 이게 바로 1차대전의 시작이었지. 이제 모든 것은 도미노처럼 진행되었어. 러시아 정부는 세르비아와 동맹관계였으므로 세르비아를 지원하기 위해 총동원령을 선포했지. 오늘날 같으면 순식간에 적진을 공격하는 것이 가능하지만, 100년 전만 해도 일단 군인들을 동원하여 제 위치로 보내는 것이 일이었거든. 1914년 여름, 러시아가 군사 동원령을 내리자 독일은 아주 잘됐다 싶었어. 자국의 군대도 동원할 수 있는 이유가 생겼거든. 독일 정부는 러시아가 수백만 군대를 동원하는 것은 극히 위험한 일이라고 경고했지.

하지만 슐리펜 계획에 따르면 독일은 러시아와 싸우기 전에 일단 프랑스를 무찔러야 했어. 그래서 독일 정부는 벨기에 정부에게 독일 군대가 벨기에 땅을 통과하게 해달라고 요청했어. 벨기에가 이를 거부하자 독일은 가능하면 빨리 파리 쪽으로 진격하기 위해 8월 3일 벨기에를 공격하여 무력으로 군대를 통과시키고자 했지. 독일이 중립국인 벨기에를 공격하자 영국 정부는 그 일을 그냥 두고 볼 수 없었어. 벨기에 북쪽 해안이 영국에서 멀지 않다는 것도 그 이유였지. 그 때문에 영국은 벨기에가 독일 제국의 지배하에 들지 않고 중립국으로 남기를 원했거든. 그리하여 영국은 독일의 벨기에 진격에 대한 응답으로 독일과의 국교를 단절했고, 양국은 전쟁에 휩싸였지.

이제 세르비아 청년이 오스트리아 황태자에게 총을 쏜 것과

1차대전과 영국의 팝 밴드

2013년 인터넷 검색엔진에 '프란츠 페르디난트(Franz Ferdinand)'라고 입력하면, 맨 위에 프란츠 페르디난트라는 영국 글래스고 출신의 인디팝 밴드가 뜰 거야(이 인디팝 밴드는 우리나라에 '프란츠 퍼디난드'로 알려져 있음 — 옮긴이). 이 밴드는 1914년에 암살된 오스트리아 황태자 이름이 좋아서 자신의 밴드 이름을 그렇게 지었다고 해. 이름에 F자가 두 개 들어간 것이 특히 매력적으로 느껴졌다나. 그 밖에도 밴드의 리더인 알렉스 카프라노스는 이렇게 말했어. "프란츠 페르디난트 황태자의 삶, 아니 그의 죽음이 세계를 완전히 뒤집어 놓았잖아요. 우리도 음악으로 세상을 뒤집어 놓고 싶어요." 물론 1차대전을 그런 시각으로 볼 수도 있는 거겠지.

900만 명 이상의 군인이 사망한 전쟁 사이에 어떤 연관이 있는지 알았지? 그전에 이미 유럽의 여러 나라가 간절히 전쟁을 원하고 있었다는 것, 아니 최소한 그들의 이해관계를 관철시키기 위해 전쟁을 감수할 마음이 있었다는 것. 그들에게 필요한 것은 명분이었어. 그리고 정말 기묘하게도 열아홉 살의 세르비아 청년 가브릴로 프린치프가 오스트리아 황태자 프란츠 페르디난트를 쏘았을 때 그런 명분이 충족되었던 것이지.

황태자가 암살된 지 두 달 만에 유럽의 주요 나라들은 전쟁에 휘말려 들었어. 그리고 그들이 아프리카와 아시아에 식민지를 가지고 있었기에 그 전쟁은 곧 전 세계로 확대되었지. 그전까지 유례가 없던 끔찍한 전쟁이 시작된 거야.

　모든 참전국이 밖으로는 자신의 나라가 정말 죄 없이 전쟁에 휘말려든 희생자인 척했어. 각 나라 대부분의 국민들은 정말로 그렇다고 믿었지. 우리 할머니는 1914년 여름, 노트에 이렇게 적었어.

　동쪽에도 적, 서쪽에도 적,
　사방이 적이다. 그러니 자, 나아가자!

하지만 당시에도 전쟁에 대해 우려를 표하는 목소리들이 있었어. 독일 사회민주당(SPD) 내에서도 우려를 표명하는 사람들이 있었지. 그때 사민당이 전쟁을 막기 위해 뭔가를 했더라면……. 하지만 1914년 당시 정당들은 오늘날과 같은 민주적 영향력을 가지고 있지 않았어. 반면 독일 황제는 오늘날 영국이나 스페인의 왕실보다 훨씬 더 강한 힘을 가지고 있었지. 하지만 어쨌든 정당들은 연방의회에서 정부의 돈줄을 차단해 버릴 수 있었는데 말이야(정부의 예산을 동결해 버릴 수 있었어.). 게다가 1914년 가장 강한 정당이 바로 사회민주당이었거든. 사회민주당은 제국의 정치에 상당한 영향력을 발휘할 수 있었어. 하지만 사회민주당은 전쟁을 막는 데 적극적으로 나서지 않았지. 사회민주주의자들도 독일이 이웃 나라와 전쟁을 해야 한다고 확신했거든. 사민당 의원들은 전쟁을 위한 예산을 승인했고, 이른바 '당쟁 중지'에 동의했어. 전쟁 동안 정당들은 공격당하는 성을 지키는 사람들처럼 모두 하나 되어 한마음, 한뜻으로 뭉쳐야 한다고 보았지. 진짜로는 전쟁에 찬성하지 않는 사람들까지 그렇게 생각했어.

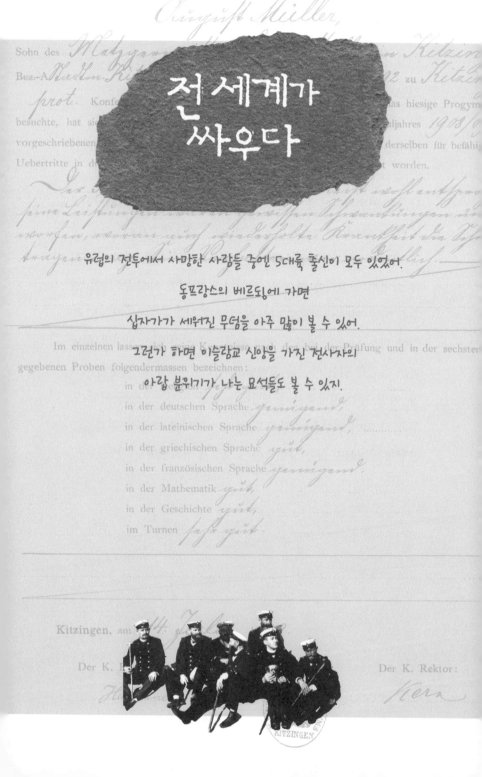

전 세계가 싸우다

유럽의 전투에서 사망한 사람들 중엔 5대륙 출신이 모두 있었어.

동프랑스의 베르됭에 가면

십자가가 세워진 무덤을 아주 많이 볼 수 있어.

그런가 하면 이슬람교 신앙을 가진 전사자의

아랍 분위기가 나는 묘석들도 볼 수 있지.

우리 할머니의 노트에서 1차대전이 직접적으로 언급된 시는 딱 하나야. 그 제목은 바로 '토고'였지. 전쟁이 시작된 직후 할머니는 루드비히 강호퍼의 시를 적어 놓았더라고. "영국이 우리에게 토고를 앗아 갔어. 독일, 너 할 말 있니?"라고 되어 있었어.

할머니는 왜 이 이상한 문장을 적었을까? 1914년 8월에 시작된 전쟁은 처음부터 전 세계의 전쟁이었기 때문이었어. 서아프리카에 있는 작은 나라 토고는 1884년에 독일 식민지가 되었는데 프랑스 식민지와 영국의 식민지에 둘러싸여 있었지. 그리고 유럽에서 전쟁이 발발하자 아프리카 같은 식민 지역에서도 전쟁이 시작되었는데, 토고의 경우 승패가 갈리는 데 시간이 오래 걸리지 않았어. 1914년 8월 27일 독일 식민통치자들은 토고를 프랑스와 영국에 넘겨주었지.

진정한 세계대전: 독일을 중심으로 한 동맹국(Central Powers, 초록색)과
영국, 프랑스 등의 연합국(Allied Powers, 오렌지색). 각각의 식민지 포함.

지구본에서 1차대전에 휘말렸던 지역들을 살펴보면, 참여하지
않았던 나라들을 세는 것이 더 빠를 정도야. 유럽에서는 네덜란
드, 스위스, 덴마크, 스페인, 노르웨이, 스웨덴 정도가 1차대전에
참전하지 않았고 그 외의 나라들은 어떤 식으로든 전쟁에 참여했
어. 유럽의 참전국들은 자기 나라의 식민지 주민들도 전쟁에 참
여하도록 했지. 인도, 세네갈, 알제리, 케냐 사람들 말이야. 호주와
캐나다도 전쟁에 참여했어. 유럽의 주요 국가들이 누가 얼마만큼
의 힘을 가져야 하는지를 분명히 하고자 시작한 전쟁인데 말이

다리를 잃은 걸 기념합니다

지. 그 이유는 당시 캐나다와 호주, 영국의 관계가 오늘날보다 더 가까웠기 때문이었어.

그래서 유럽의 전투에서 사망한 사람들 중엔 5대륙 출신이 모두 있었어. 동프랑스의 베르됭에 가면 십자가가 세워진 무덤을 아주 많이 볼 수 있어. 그런가 하면 이슬람교 신앙을 가진 전사자의 아랍 분위기가 나는 묘석들도 볼 수 있지. 아이드 이쌈이라는 이름도 보았어. 칼파 제르빕이라는 이름도 있었는데, 그는 1916년 8월 5일 스물여섯의 나이로 전사했어. 인터넷 자료를 보니 그의 고향은 알제리의 콘스탄틴이더라고. 비석에는 "프랑스를 위해 죽다."라고 되어 있었지. 젊은 아프리카인들이 정말로 프랑스를 위해 죽고 싶었을까? 그건 모르겠네.

✚

아프리카에서 태어나,
동프랑스의 베르됭에 묻히다.

언뜻 보기에 1차대전은 전쟁을 시작한 이유가 도무지 납득이 가지 않고 황당해 보일 뿐 아니라, 어느 나라가 언제 어느 나라랑 싸웠는가를 분간하는 것도 정말 쉽지 않아. 믿을 수 없을 정도로 많은 전투가 있었고 전선도 많았어. 정말 복잡하지. 하지만 구분을 해볼 수는 있어.

오늘날 독일 쪽의 시각으로 1차대전을 정리해 본다면, 우선 독일과 프랑스 사이에 전선이 있었어. 1914년 8월 초부터 독일 군대가 벨기에로 물밀 듯 밀려들었어. 벨기에 군대는 속수무책으로 거의 저항을 할 수 없었지. 독일 군대가 지나간 자리마다 도시와 마을이 무참하게 파괴되었어. 대학 도시인 뢰벤에서는 무수한 집이 화염에 휩싸였고 도시가 황폐화되었어. 이 과정에서 수백 명이 사망했지.

　　독일군은 빠르게 벨기에에서 프랑스로 진격했어. 몇 주 되지 않아 북프랑스의 많은 지역을 정복했지. 하지만 9월 초에 공격은 지지부진한 상태에 빠졌어. 마른 강가에서 프랑스군이 독일군을 저지하는 데 성공했거든. 프랑스에서는 이것을 '마른 강의 기적'이라고 불러. 전해지는 말에 의하면 당시 파리에서 수백 대의 택시가 군인들을 전선으로 실어 날랐다고 해. 그래서 프랑스군은 말을 타거나 도보로 움직이는 것보다 더 빨랐지. 군인들이 택시를 타고 갔다고? 지금 생각하면 우스운 일이지. 하지만 그들이 전선에서 경험했던 일은 그리 우습지 않았어.

　　독일군은 마른 강에서 더 이상 전진하지 못하고 교착상태에 빠졌지. 그 결과 지루한 참호전이 시작되었어. 독일군은 처음 진격한 곳에서 약간 후퇴를 했어. 그리고 프랑스의 총탄과 포탄으로부터 스스로를 보호하기 위해 참호를 팠지. 저편에서는 프랑스군과 프랑스를 지원하러 나선 영국군도 참호를 팠어. 계속하여 두 진영 사이에 끔찍한 공격들이 있었지. 하지만 이런 서부전선(프랑스인들 입장에서 보면 동부전선)에서는 1914년 9월부터 3년 후 전쟁이 끝나기까지 전투가 별 진전이 없었어. 군인들은 북해 해안에서 스위스 사이 약 700킬로미터 구간에 참호를 팠지. 몇 겹으로 판 참호를 모두 합하면 길이가 거의 4만 킬로미터에 이르렀다고 해. 맨 앞쪽에는 군인들이 몸을 숨기고 싸움을 할 수 있는 방어진지가 있었고, 뒤에는 물자 공급을 위한 참호와 교통호들도

✛
독일군이 쑥대밭으로 만든 벨기에의 뢰벤.

있었거든. 훨씬 후방에도 참호들이 있었고. 4만 킬로미터… 이건 지구 둘레와 맞먹는 길이야.

1914년 11월에 독일군 사령부는 이미 이 전쟁에서 원래 계획대로 승리할 수 없다는 결론을 내렸다는 자료들이 있었어. 그럼에도 양 진영의 장군들은 군인들을 보내 계속 새로운 공격을 감행하게 했지. 솜 강가, 베르됭 등에서 벌어진 전투에서는 수십만 명이 죽거나 장애를 입었어.

✚

프랑스 군인들은 '진흙투성이 남자들'이라 불렸어.

다리를 잃은 걸 기념합니다

동부전선(러시아 쪽에서 보면 서부전선)의 전투도 그보다 덜하지 않았어. 이 지역의 싸움을 이해하려면, 1914년 동유럽의 지도가 오늘날과는 완전히 달랐다는 것을 알아야 해. 당시 벨라루스, 폴란드, 우크라이나 같은 지금의 독립국가들은 영토 전체, 혹은 일부가 러시아의 지배를 받고 있었어. 또한 현재 폴란드의 일부는 독일 제국이 통치하고 있었고. 독일 제국의 국경은 지금의 독일 연방공화국보다 동쪽으로 훨씬 더 확장되어 있었거든. 그래서 독일과 러시아는 직접 국경을 마주하고 있었어. 오스트리아-헝가리 제국도 마찬가지로 러시아와 국경을 접하고 있었어. 빈의 왕실 역시 오늘날 폴란드, 체코, 헝가리, 우크라이나에 속한 지역들을 통치하고 있었으니까.

1914년 8월부터 양측은 각자 준비한 시나리오대로 움직였어. 독일과 오스트리아-헝가리는 러시아로 진격하고자 했고, 러시아 군대는 역시 그들 나름대로 동맹국과의 전쟁에서 가능하면 빨리 승리하고자 했지. 러시아는 프랑스, 영국과 함께 연합국에 속했거든. 전쟁이 발발한 뒤 며칠 사이에 러시아 군대는 정말로 독일 국경을 넘어 당시 독일의 동프로이센 지방으로 진격해 들어왔어. 하지만 1914년 8월 말에 독일 군대는 오늘날 폴란드 땅인 타넨베르크 전투에서 중요한 승리를 거두었지. 그 전투를 지휘했던 에리히 루덴도르프와 파울 폰 힌덴부르크 장군은 당시 독일에서 '타넨베르크의 영웅'으로 추앙을 받았어. 힌덴부르크는 훗날

동부전선

페트로그라드: 상트페테르부르크

러시아

발트해

리가

쾨니히스베르크

모스크바

독일 제국

마주리아

민스크

키예프

바르샤바

폴란드

브레스트-리토프스크

키예프

우크라이나

드네프르 강

고를리체 타르노프 르비프

부다페스트

오스트리아-헝가리

루마니아

다뉴브 강

세르비아

불가리아

세바스토폴

코카서스

흑해

동맹국 측

러시아와 연합국 측

중립국

러시아의 최대 진격선

1917년 말의 전선

1918년 봄/여름 동맹국 측의 진격

주요 전투

200 km

동맹국과 러시아의 전선 변화.

전쟁이 끝나고 독일 대통령이 되었지. 1933년 아돌프 히틀러를 연방 수상으로 지명한 사람이 바로 힌덴부르크야.

몇 년간 수백만 명의 목숨을 앗아간 동부전선의 전투를 몇 줄의 글로 정리하는 것은 정말로 말이 안 되는 일일 거야. 하지만 최근 내가 그 전투들에 대한 기록들을 들추다 보니 결론은 이것이었어. 밀고 당기는 피비린내 나는 싸움이 이어졌고, 싸움을 시작할 때부터 이미 이 전쟁에 진정한 승자는 없을 거라는 게 분명했다는 것. 이곳에서는 참호전이 별로 이루어지지 않았어. 기동전이 더 많았지. 하지만—서부전선과 마찬가지로—양측 그 누구도 상대를 제압하지 못했어. 1917년까지 오스트리아–헝가리, 독일, 러시아 군대는 서로 먹고 먹히며, 완강하게 맞섰지. 그러고 나서 동부전선에 세계사를 완전히 뒤바꾼 변화들이 있었어(178쪽 '세계를 변화시킨 혁명' 장 참고)

　1차대전은 유럽의 다른 지역도 완전히 바꾸어 놓았어. 무엇보다 지중해 지역에 커다란 변화를 가져왔지. 지금은 많은 사람이 이런 변화를 망각했을지 몰라도 말이야.

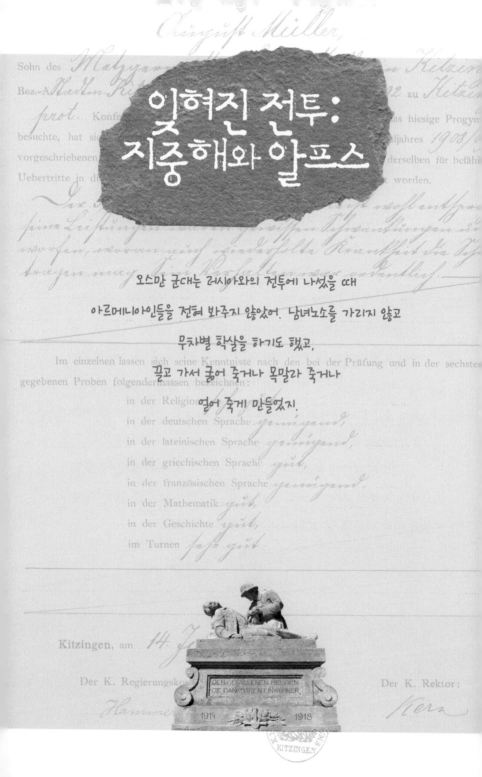

잊혀진 전투:
지중해와 알프스

오스만 군대는 러시아와의 전투에 나섰을 때

아르메니아인들을 전혀 봐주지 않았어. 남녀노소를 가리지 않고

무차별 학살을 하기도 했고,

끌고 가서 굶어 죽거나 목말라 죽거나

얼어 죽게 만들었지.

오래전 우연히 만났던 하산 외츠튀르크라는 이름의 터키인이 내게 터키와 독일이 이미 오래전부터 충실한 우방이었던 걸 아느냐고 말했을 때 나는 자못 놀랐어. 내가 외츠튀르크 씨와 이야기했던 때는 대학입학자격시험을 본 직후였을 거야. 그때 나는 1960년대에 터키에서 독일로 몰려왔던 '외국인 노동자'에 대한 글을 쓰고 있었거든. 당시 나는 만 열아홉 살이었어. 분명히 수업시간에 터키, 아니 더 정확하게는 오스만 제국이 1차대전에서 독일과 오스트리아–헝가리 제국의 중요한 동맹국이었다는 사실을 배웠을 텐데 말이야. 이 제국이 당시 오스만 제국이라 불렸던 것은 오스만 왕가가 수백 년간 다양한 민족을 아우르고 있었기 때문이야. 터키인들은 그중 하나였을 뿐이고.

그러니까 오스만 제국(또는 터키)이 독일의 중요한 동맹국이었다고? 나는 외츠튀르크 씨와 이야기할 무렵 그 사실을 완전히 까먹고 있었어. 아님 역사 시간에 아무도 그 사실을 가르쳐 주지 않았던 것일까? 아무튼 간에, 당시 내가 그렇게 무지했다는 사실을 외츠튀르크 씨가 눈치채지 못했기를 바랄 뿐이야!

1914년 이스탄불(당시는 콘스탄티노플이라 불렸고, 1930년부터 이스탄불로 개명되었어.)의 오스만 왕가가 커다란 제국을 다스리고 있었

✚
1915년, 터키의 수백 년 된
킬리트바히르 성에서 격전이 벌어졌어.

어. 제국은 100년 전만큼 거대하지는 못했지. 오스만 제국은 지중해에서 이미 영향력을 약간 잃어버린 상태였거든. 하지만 술탄인 메메드 5세는 여전히 오늘날 터키에 해당하는 지역뿐 아니라, 오늘날 그리스, 시리아, 레바논, 사우디아라비아, 이라크, 이스라엘에 속한 광활한 지역을 통치하고 있었어. 이런 오스만 제국이 1914년 11월 2일, 독일과 오스트리아−헝가리 제국 쪽에 가담했

을 때 술탄은 오스트리아-헝가리 제국의 황제 프란츠 요제프와 비슷한 목표를 가지고 있었어. 여러 민족과 여러 종교가 혼재하는 가운데 분열될 위험이 있는 제국을 전쟁으로 결집시켜 보고자 하는 것이었지.

오스만 제국 자체가 미래를 조망하기 힘들었던 만큼, 오스만 제국이 참전한 전투 또한 예측하기 힘들었어. 하지만 1차대전의 새롭고 특별한 점을 보여 주는 사건들이 있었어. 1915년 4월, 오늘날 인기 있는 휴양지인 터키의 지중해 해변으로부터 멀지 않은 갈리폴리 반도에서 영국 군대가 오스만 제국의 수도 콘스탄티노플을 향해 진격을 시도한 거야. 이 공격은 대실패로 돌아갔지. 그런데 이 전투에서 특이했던 것은 터키에 대항해 진격했던 군인들 대다수가 유럽 출신이 아니었다는 것이었어. 이것은 과거의 전쟁과는 다른, 1차대전의 전형적인 특징이었지. 호주와 뉴질랜드 출신 군인들도 영국 편에서 싸웠어. 그러니까 터키의 해변에서 수많은 군인들과 더불어 죽기 위해 지구를 반 바퀴나 거슬러 온 것이지. 약 9000명의 호주인들과 3000명의 뉴질랜드인이 갈리폴리에서 목숨을 잃었어.

1차대전 중 지중해의 다른 지역에서도 잔혹하고 무자비한 사건이 있었어. 1915년 오늘날 터키의 북동쪽에서 훗날 집단학살이라 불리게 된 일이 시작되었지. 집단학살의 희생자들은 아르메니아인들이었어. 아르메니아인들은 당시 독립국가가 없었고 일부는 오스만 제국에, 일부는 러시아에 거주했어. 아르메니아인들은 자신의 언어와 기독교 신앙을 지키고자 했지. 아르메니아인들 대부분은 기독교 신앙을 가지고 있었거든. 최근 읽은 바로는 바로 그 이유 때문에 아르메니아인들은 터키인들이 주도하는 이슬람 제국의 지향과 맞지 않았다고 하더라고. 그 밖에도 아르메니아인들 중에는 러시아 쪽에 협력하는 사람들도 있었어.

그래서 오스만 군대는 러시아와의 전투에 나섰을 때 아르메니아인들을 전혀 봐주지 않았어. 남녀노소를 가리지 않고 무차별 학살을 하기도 했고, 끌고 가서 굶어 죽거나 목말라 죽거나 얼어

✛

아르메니아인들은 교수형을 당하기도 했어.

죽게 만들었지. 이런 집단학살(제노사이드)에서 죽음을 당한 아르메니아인들의 수는 조사에 따라 30만에서 150만 사이를 왔다 갔다 해. 1991년에 독립국이 된 아르메니아의 인구는 330만 정도야.

1919년, 우리 할아버지는 전쟁에 대한 두꺼운 책들을 구입했어. 나는 상자 속에서 그 책들을 발견했지. 전 수상이었던 테오발트 폰 베트만 홀벡이 쓴 《전쟁에 대한 고찰》과 에리히 폰 루덴도르프 장군의 《나의 전쟁 회고록》 등 고급스런 장정으로 만들어져 당시 꽤 값이 나가던 책들이었어. 우리 어머니는 그에 대해 약간 냉소적으로 "너희 할머니, 할아버지는 먹을 건 없었어도 돈은 있었단다."라고 말했어. 그 책들에는 몇백 페이지에 걸쳐 프랑스와 러시아에서 있었던 전투가 기록되어 있었어. 하지만 지중해 지역에서 있었던 일에 대해서는 그 어디에도 언급되어 있지 않았지. 아르메니아인들에 대한 집단학살 같은 전쟁범죄에 대한 기록은 전혀 없었던 거야. 루덴도르프는 오히려 '전쟁사를 통틀어 길이 남을 위대한 업적'에 대해 이야기를 하고 있었지.

1차대전의 많은 전쟁터에서 있었던 일들은 이렇듯 제대로 주목받지 못했어. 지금도 마찬가지고. 아르메니아인들이 당한 대학살 역시 아르메니아 밖에서 주목을 받기까지는 여러 해가 지나야 했지. 하지만 그런 경향은 오늘날까지 계속되고 있어. 터키는 여

전혀 아르메니아인들의 집단학살을 인정하지 않고 있거든. 유럽연합(EU) 국가들은 터키에게 그것을 인정할 것을 요구하고 있어. 2011년 프랑스는 집단학살부인금지법을 가결했지. 그러니까 프랑스에서 아르메니아인들이 1915년부터 대학살의 희생자가 되었다는 것을 부인하는 발언을 하는 사람은 처벌을 받게 되는 거야. 터키는 이에 대해 강력하게 항의를 했어. 이 일은 터키 밖에서 보는 것만큼 그렇게 간단한 일이 아니라는 것이 터키 측의 입장이지.

오늘날 터키의 유럽연합 가입 조건을 논의할 때 계속 그에 대한 논란이 이어지고 있어. 1차대전 때 저지른 아르메니아인들에 대한 대학살을 어떻게 평가할 것인가? 유럽연합 회원국들은 대부분 터키 정부와는 다른 답변을 내어 놓고 있지. 터키가 유럽연합에 가입하는 문제에서 아르메니아 대학살이 걸림돌로 작용하고 있는 것이지. 그리하여 독일에서 태어난 아이들 중 터키 부모를 둔 아이들이 그리스나 스페인 부모 밑에서 태어난 아이들과 법적으로 서로 다른 대우를 받는 것은 간접적으로는 1차대전 때 일어난 아르메니아 대학살과 관련이 있는 것이지.

1차대전의 관심사가 국경을 다시 긋거나 국가들 사이에서 민족공동체를 이리저리 밀어내는 것임을 다른 장소에서 더 직접적으로 느낄 수 있어. 독일이나 오스트리아에서 자동차나 기차로 이탈리아 쪽으로 여행하는 많은 사람들은 우선 이탈리아어로 알토 아디게(Alto Adige)라 불리는 곳에 다다르게 돼. 그 지방은 독일 이름도 가지고 있는데, 쥐트티롤(Südtirol, 남티롤)이라고 하지. 독일인 여행객들이 그곳을 처음 지나치노라면 '이상하다 이곳의 표지판이 왜 독일어와 이탈리아어로 표시되어 있지?' 하고 의아하게 생각하게 되지. 그리고 이곳에서 대부분의 사람들이 독일어를 사용하는 것을 발견하게 돼. 분명히 이탈리아에 속해 있는데 말이야. 이유는 간단해. 1차대전에서 이탈리아가 영토를 확장하려는 목표를 이루었기 때문이지. 이탈리아 정부가 남티롤을 자신의 영토로 편입시키는 데 성공했던 거야.

1차대전에서 이탈리아는 아주 독특한 역할을 했어. 전투에서는 그리 중요한 역할을 하지는 못했지만 말이야. 나는 이탈리아를 여행하며 거의 모든 이탈리아 도시의 중앙 광장에 1차대전 전사자 명단이 기다랗게 게시되어 있는 것을 보고 연신 당황하곤 했어. 가령 "위대한 이탈리아를 위해 죽다." 이렇게 되어 있었어. 물론 유감스럽게도 위대한 이탈리아라는 것은 다분히 정치적인 의미지. 이탈리아는 전쟁이 발발한 1914년에는 일단 전쟁에서 빠졌어. 당시 오스트리아-헝가리 제국의 정부와 오랫동안 라이벌 관계였지만, 1882년에 이미 독일, 오스트리아-헝가리 제국과 삼국동맹을 결성했었거든. 하지만 이탈리아 정부는 자국의 세력을 확대하고자 했어. 삼국동맹을 맺은 동맹국들과 더불어 세력

확장에 성공하지 못했다면, 동맹국들 없이 혼자서라도 그렇게 해야 한다고 보았지.

이탈리아 정부의 요구는 아주 명확했어. 1914년 당시 오스트리아-헝가리 제국에 속해 있던 알프스와 지중해 지역을 이탈리아 영토로 만드는 것이었지. 또한 이탈리아는 북아프리카 지역의 식민지—가령 오늘날의 리비아 같은—를 오스만 제국에 속해 있던 지역으로 확장하고자 했지. 또한 많은 이탈리아인들은 제국주의의 꿈을 꾸었어. 이탈리아는 그들이 '마레 노스트로' 즉 '우리 바다'라고 부르는 지중해 지역에 가능하면 많은 땅을 확보하고 영향력을 행사하고 싶어 했던 거야.

이탈리아는 1915년 5월 23일까지 중립을 지키며 관망했어. 전쟁에 참여하는 것이 과연 이득이 있을지 머리를 굴렸지. 그러

'배신 토마토' — 1차대전에서 생겨난 말

믿을 수 없게 행동한 사람에게 곧잘 '배신 토마토'라는 말을 하지. 몇몇 언어학자들은 이 말이 1차대전에서 생겨났을 거라고 추측하고 있어. 이탈리아는 원래 독일과 오스트리아-헝가리 제국의 동맹이었는데, 이탈리아 정부가 오스트리아-헝가리 제국 정부에게 선전포고를 했어. 독일과 오스트리아-헝가리에게 이런 행동은 배신으로 여겨졌지. 게다가 이탈리아에서는 토마토 농사가 대규모로 이루어지니까 이 두 단어가 연결되어 이탈리아인들을 칭하는 별명이 된 거야. 그리고 그때부터 믿음을 저버리는 사람을 '배신 토마토'라고 부르게 되었대.

고 나서 이탈리아 정부는 오스트리아-헝가리 제국에 전쟁을 선포하고는 영국, 프랑스, 러시아로 이루어진 연합국 측에 가담했어. 전쟁이 시작되었고, 무엇보다 알프스 지역에서는 큰 진전 없는 진지전으로 굳어졌지. 군인들은 참호를 파고 들어갔을 뿐 아니라 암석에 터널을 뚫었는데, 이 터널은 곧 수백 킬로미터에 이르게 되었어. 군인들은 동굴에서 살았어. 그러나 적이 동굴을 폭파할지도 모른다는 위험이 항상 도사리고 있었지.

오늘날 이탈리아 북동쪽의 이손조 강가에서만 약 30만 명이 그렇게 사망했어. 이탈리아 정부도 지배자들이 전쟁을 하는 목적은 자신의 권력을 확장하고 싶은 욕심에 있다는 것을 명백히 보여 준 셈이야. 이탈리아 정부는 이 전쟁에서 자신들의 목표를 모두 이룬 것은 아니지만, 독일어 사용 지역인 남티롤을 이탈리아 영토로 편입하고자 하는 계획은 성공했지.

전체적으로 볼 때 이 권력 게임은 1918년 유럽의 많은 왕이

✚
전쟁 중에 판 알프스의 터널.

1차대전으로 새로 생겨난 나라들

폴란드: 부분적으로 독일 제국과 러시아 제국에 속해 있다가 독립했다. 그러나 폴란드 국경은 1945년 이후에 다시 한 번 대폭 변하게 된다.

오스트리아: 오스트리아-헝가리 제국으로부터 독립했다.

헝가리: 오스트리아-헝가리 제국으로부터 독립했다.

체코슬로바키아: 오스트리아-헝가리 제국으로부터 독립했으며, 1993년에 체코와 슬로바키아로 나뉘었다.

유고슬라비아: 세르비아와 부분적으로는 오스트리아-헝가리 제국에 속해 있다가 독립했으며, 1992년부터 슬로베니아, 크로아티아, 마케도니아, 보스니아-헤르체고비나, 세르비아, 몬테네그로로 해체, 분열되었다.

리투아니아: 독일 제국과 러시아 제국으로부터 독립했다.

라트비아: 러시아 제국으로부터 독립했다.

에스토니아: 러시아 제국으로부터 독립했다.

핀란드: 러시아 제국으로부터 독립했다.

나 황제가 생각했던 것과는 다른 결과를 가져왔어. 여러 나라들이 새로 생겨났지. 그들은 더 이상 빈이나 베를린의 황제, 상트페테르부르크의 차르의 지배를 받지 않으려 제국에서 독립했어. 우리 아이가 다니는 학교의 아이들이 어느 나라에서 왔는지만 보아도 폴란드, 헝가리, 핀란드처럼 100년 전에는 없었던 나라들이 많이 생겨났다는 것을 알 수 있어. 학교 교장선생님이 자신의 학교 학생들이 얼마나 다양한 나라 출신들인지를 헤아려야 한다면 그것은 어느 정도 1차대전 때문이지.

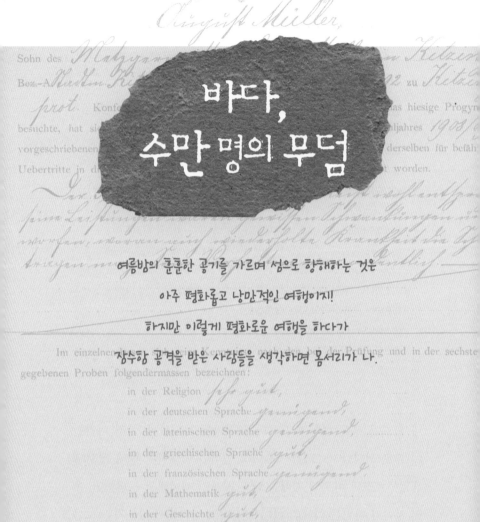

바다, 수만 명의 무덤

여름밤의 훈훈한 공기를 가르며 섬으로 항해하는 것은

아주 평화롭고 낭만적인 여행이지!

하지만 이렇게 평화로운 여행을 하다가

장수항 공격을 받은 사람들을 생각하면 몸서리가 나.

2012년 4월은 타이타닉호가 침몰한 지 100주년이 되는 해였어. 지금까지 정말 많은 신문, 잡지, 책이 그 사건을 다루었지. 다큐멘터리와 영화도 제작되었고. 어른들을 대상으로 한 것뿐 아니라 어린이와 청소년을 대상으로 한 책들도 많이 나와 있어. 타이타닉호의 침몰, 그것은 전 세계인이 알고 있는 정말 유명한 사건이야. 나는 아주 어릴 적에도 타이타닉이라는 이름을 알고 있었어. 하지만 '루시타니아'라는 이름은 훨씬 나중에야 알게 되었어. 그도 그럴 것이 루시타니아호를 기억하는 사람은 거의 없거든.

루시타니아호에 약간 관심을 기울이다 보면, 타이타닉호는 정말 유명한데 이 배는 어찌하여 그렇게도 알려져 있지 않은지 자문하게 돼. 이 두 배는 공통점이 많았거든. 루시타니아호는 1915년 5월, 타이타닉이 침몰한 지 불과 3년 뒤에 침몰했어. 이 일로 타이타닉호 참사 못지않게 많은 사람들이 생명을 잃었지. 남녀노소 포함하여 약 1200명이 물에 빠져 사망했어. 타이타닉호의 경우는 사망자가 1500명 정도였지. 루시타이나호의 운명도 타이타닉호 못지않게 드라마틱했어. 그럼에도 루시타니아호는 세간의 관심을 받지 못했지.

✛
타이타닉호처럼 침몰하는
루시타니아호.

루시타니아호는 어떤 일을 당했던 것일까? 이 배는—이전의 타이타닉 호과 비슷하게—20세기 초 미국과 유럽 사이를 오가며 승객과 화물을 실어 나르는 커다란 여객선이었어. 1915년 5월에는 수많은 승객들과 함께 탄약을 싣고 항해하고 있었지. 루

시타니아호에 탄약이 실려 있었는가에 대해서는 한동안 논란이 분분했지만, 이젠 거의 기정사실로 여겨지고 있다고 해. 물론 승객들은 배에 군수품이 실려 있다는 사실에 대해서는 까맣게 몰랐어. 승객들은 그저 미국에서 영국으로 여행하는 사람들이었지. 이 시점에 9개월째 영국과 전쟁을 하고 있던 독일은 배에 누가 타고 있었는지, 그 사람들이 왜 여행을 하고 있었는지 같은 것에는 관심이 없었어.

독일 해군은 적군과 관계가 있는 것으로 판단되는 모든 배를 격침시키겠다고 선언한 바 있었어. 무엇보다 그 배가 무기나 탄약을 운반하고 있다는 의심이 들 때는 그렇게 하겠다고 말이야. 그렇기에 독일군 쪽에서 볼 때는 1915년 5월 7일에 잠수함으로 영국의 루시타니아호를 격침시키는 것은 당연한 일이었지. 수많은 생명을 죽음으로 몰고 간다 해도 말이야.

루시타니아호의 침몰은 독일군 쪽의 논리에 부합했던 것이었어. 20세기 초 독일 제국 정부는 영국 해군력의 우세를 꺾고자 했어. 독일 황제 빌헬름 2세는 독일 해군을 급속하게 키우도록 했지. 해군 장관인 알프레드 폰 티르피츠 대제독이 이 임무를 맡았어. 알프레드 폰 티르피츠는 육군 장군들인 루덴도르프와 힌덴부르크처럼 독일을 명실상부한 세계 강대국으로 만들고자 했지. 이를 위해 대양에서 어떠한 상대도 두려울 게 없을 정도의 힘을 기르고자 했어.

전쟁이 시작되기까지 독일은 상당수의 전함과 잠수함을 건조
했어. 하지만 독일의 함대가 영국을 제압할 정도의 전투력을 갖
추지 못했다는 건 분명했지. 1차대전 중 대규모 해전은 단 한 번
밖에 없었어. 1916년 5월 31일 영국의 왕립해군(로열 네이비)과 독
일의 전함이 북해에서 서로 맞붙었지. 이 해전에서 총 25척의 배
가 침몰했고, 8500명이 전사했어. 결국 그 누구의 승리도 아닌 싸
움이었어. 하지만 이 해전은 독일인들에게 그들이 영국 함대의
상대가 못 된다는 것을 가르쳐 주었지. 그래서 독일 전함은 1918
년 말 패전할 때까지 아무것도 하지 않고 항구에 머물러 있었어.

동시에 독일 해군은 다른 무기에 총력을 기울였어. 바로 잠수
함이었어. 1914년 당시의 잠수함은 요즘 우리가 볼 수 있는 잠수
함과는 모양이 무척 달랐어. 하지만 1차대전의 잠수함들도 굉장
히 효율적인 무기였지. 커다란 전함을 건조하는 것보다 잠수함을
만드는 것이 더 쉬웠어. 그리고 잠수함은 종종 눈에 띄지 않게 다
른 배로 다가갈 수 있었지. 하지만 독일 잠수함은 적의 군함만 공
격하지는 않았어. 상선과 여객선도 공격해서 침몰시켰지. 군함과
민간함을 명확하게 구분할 수 없을 때가 많았거든. 영국이나 다
른 나라들의 상선은 무기와 탄약을 실어 나르는 경우가 많았고,
독일은 그런 배를 격침시키는 걸 마다하지 않았지.
　해군의 명령권자는 때때로 약간 신중을 기했어. 그래서 한동

안은 해전에서 대대로 전해 내려온 규칙을 따랐지. 이 규칙에 의하면 미리 경고 없이 배를 격침시켜서는 안 되는 것이거든. 공격하는 잠수함은 먼저 모습을 보인 뒤, 적의 배에 정말로 무기가 실려 있는지를 점검해야 했어. 그리고 정말로 무기가 실려 있음을 확인하고 나서야 잠수함이 적의 배를 침몰시켰지. 그전에 선원들은 대피할 시간을 벌었고.

하지만 독일이 그런 규칙을 준수한 기간은 얼마 되지 않았어. 나머지 기간에는 계속해서 무제한 잠수함 작전을 실행했지. 경고 없이 배를 공격한 거야. 그래서 배에 타고 있던 많은 사람들이 목숨을 잃게 만들었지. 독일 해군은 수년간에 걸쳐 무엇보다 영국 배 수백 척을 그렇게 침몰시켰어. 그중 하나가 루시타니아호였던 거고.

독일은 무제한 잠수함 작전이 일종의 정당방위였다고 주장했어. 영국이 독일 제국에 대해 해상봉쇄를 하는 바람에 어쩔 수 없었다고 말이야. 즉, 독일은 연합국의 해상봉쇄로 인해 미국이나 스칸디나비아 국가들로부터 식량과 물자를 전혀 들여올 수가 없게 되었거든. 그래서 무제한 잠수함 작전으로 대처를 했던 것이지. 이런 대결에서 영국도 많은 손해를 입었지만, 비교해 보면 영국이 그래도 더 성공적이었어. 대체적으로는 독일에 대한 해상봉쇄를 관철시킬 수 있었으니까. 그로 인해 독일은 전쟁 내내 해상을 통해 들여오던 식료품과 원료의 공급이 끊겼고, 국민들은 전쟁

독일 잠수함(유보트)은 경고도 하지 않은 채 배를 침몰시키곤 했어.

이 발발한 직후부터 지속적으로 굶주림에 시달리게 되었지. 반면 영국은—물론 평상시보다는 제한적이었지만—식민지와 미국의 무역 파트너들로부터 계속해서 물자를 공급받을 수 있었어.

따라서 독일 해군 수뇌부는 무제한 잠수함 작전으로 수백 척의 배를 침몰시킨 것이 어쩔 수 없는 결과였다고 주장했어. 하지만 나는 무제한 잠수함 작전이 테러에 불과했던 건 아닐까 돌아보게 하는 기록들을 발견했어. 나는 가족과 함께 프랑스에 속한 지중해의 코르시카 섬으로 휴가를 가곤 하는데, 그곳에서 1차대전 전사자들의 기념비를 많이 보았거든. 사망자 명단은 꽤 길었어. 이렇게 한적한 곳에 있는 작은 산골 마을들에서 이렇게 많은 사람이 죽었다니… 정말 이상하다고 생각했지. 피에트라 디 베르데라는 작은 마을에 있는 기념비에는 마리 사비뇨니라는 여성의 이름도 적혀 있었어. 그녀는 1918년 8월 16일 밤에 사망했어. 그날 독일 잠수함이 코르시카 섬 연안에서 발칸이라는 이름의 배를 격침시켰거든. 그 배는 밤 두 시 반에 공격을 당했고, 몇 분 안 되어 침몰되었다고 해. 승선해 있던 사람은 약 500명 정도였고 그중 400명이 익사하고 말았지. 그 안에는 마리 사비뇨니와 같은 여자들과 아이들도 있었어.

나는 8월의 밤에 배를 타고 코르시카 섬에 가곤 했어. 여름밤의 훈훈한 공기를 가르며 섬으로 항해하는 것은 아주 평화롭고 낭만적인 여행이지! 하지만 이렇게 평화로운 여행을 하다가 잠수함 공격을 받은 사람들을 생각하면 몸서리가 나.

역사학자들 중에는 독일의 잠수함 공격이 독일이 1차대전에서 참패한 것에 일조했다고 보는 사람들이 있어. 독일 해군의 무제한 잠수함 작전이 결국은 미국을 전쟁에 끌어들였다고 말이야. 1917년 2월 1일, 독일은 무제한 잠수함 작전을 재개했고, 그때부터는 미국의 상선까지 공격하기 시작했어. 그러자 1917년 4월 6일, 미국은 독일에 선전포고를 했지. 당시 세계에서 가장 막강한 산업국가였던 미국이 영국과 프랑스 측에 가담했던 거야. 그로써 1차대전은 결국 세계사에 유례없는 규모로 치달았지.

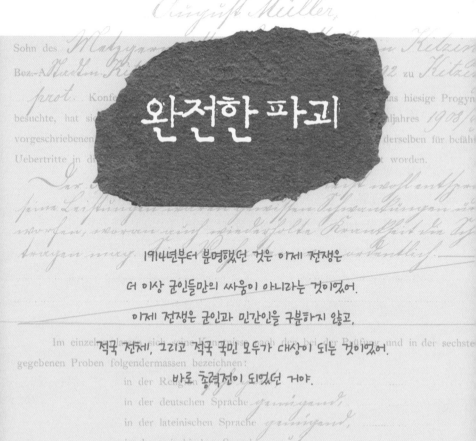

완전한 파괴

1914년부터 분명했던 것은 이제 전쟁은

더 이상 군인들만의 싸움이 아니라는 것이었어.

이제 전쟁은 군인과 민간인을 구분하지 않고,

적국 전체, 그리고 적국 국민 모두가 대상이 되는 것이었어.

바로 총력전이 되었던 거야.

내가 처음으로 진짜 해골을 본 건 열 살 때였어. 언젠가 젊은 청년의 얼굴을 이루고 있었던 뼈였지. 그 옆에 다리뼈들과 팔뼈들이 있었어. 이런 모습은 두고두고 잊히지 않았어. 그 뼈들을 본 장소는 프랑스 동부 베르됭 근처의 두오몽 납골당이었어. 프랑스 대서양 연안의 해변으로 가족 여행을 가던 중 거기에 들렀던 것이지. 그로부터 35년이 지난 뒤, 나는 두오몽 납골당에 다시 한 번 다녀왔어. 그곳에서 해골, 대퇴골 등 무수한 뼈들을 보니 여전히 말문이 막혔지. 이 납골당에는 13만 명의 유해가 안치되어 있어. 신원 파악이 되지 않아 고향으로 돌아가지 못한 시신들이었어.

베르됭, 이 도시의 이름은 1차대전 중 가장 참혹했던 전투를 상징하는 이름이야. 인류사를 통틀어 가장 참혹한 전투였을지도 몰라. 가장 참혹한 전투라—물론 '가장'이라고 말하는 것은 좀 어폐가 있지. 어떤 전투가 가장 참혹했는지 어떻게 판가름할 수 있

신원미상의 해골.

겠어? 1만 명의 군인들이 찢기고 총에 맞고 독가스에 질식한 전투가 2만 명이 그렇게 된 전투보다 덜 참혹하다고 할 수 있을까? 1차대전 동안 베르됭에서 얼마나 많은 사람들이 사망했는지에 대해서는 추정치마다 차이가 많이 나. 어떤 곳에서는 4만2000명이 사망했다고 하고, 어떤 곳에서는 50만 명 이상이 사망했다고 하지. 어쨌든 엄청나게 많은 사람이 사망한 것만은 사실이야.

베르됭에서 벌어졌던 일들을 기록한 통계들이 많은데, 그런 통계들을 보면 어안이 벙벙해져. 전투가 가장 격렬했던 지역에서는 1평방미터당 수류탄이 여섯 개 떨어졌다고 하더라고. 상상할 수 있겠어? 나는 도저히……. 나를 포함한 보통 사람들은 폭발음

아군의 공격으로 전사하다 –'friendly fire'

대포와 총으로 전쟁을 하게 된 뒤, 잘못해서 적군이 아니라 아군을 죽이는 일이 일어나곤 했어. 아군을 적군으로 혼동하기도 했고, 적진에 쏜 포탄이 엉뚱하게도 아군에게 떨어지기도 했지. 그런 경우를 미군은 'friendly fire'라고 불렀어. 이런 'friendly fire'는 1차대전에 가공할 피해를 야기했어. 군인들이 참호에서 나와 돌격하기 전에 적진을 향해 포격을 감행하곤 했는데 이 과정에서 종종 아군에게 포탄을 퍼붓는 경우가 생겼던 거야. 프랑스 장군 알렉상드르 페르셍은 아군에 의한 사망자 수가 자신의 부대에서만 대략 7만5000명이라고 밝혔어.

한 번만 들어도 혼비백산할거야. 그런데 무수한 총성과 수류탄 터지는 소리, 대포 소리를 몇 시간, 며칠, 몇 주 내내 들으며, 들을 때마다 겁에 질리게 된다고 생각해 봐. 정말 상상할 수 없는 일이야.

베르됭의 옛 격전지를 요즘 걷다 보면 정말로 당황스러워. 농사를 짓지 않는 땅에는 아직도 뚜렷이 전쟁의 흔적이 남아 있거든. 전투가 있은 지 100년이 지났는데도 숲에는 아직 포탄이 터질 때 생겨난 구덩이들이 남아 있어. 프랑스 정부는 두오몽 묘지 주변 몇몇 장소에 풀과 나무가 자라지 않도록 해놓았어. 구덩이를 잘 알아볼 수 있게 하기 위한 것이지. 전쟁을 기억하라고 말이야. 베르됭 인근에 있는 두오몽 공동묘지도 바로 전쟁을 기억하게 하는 곳이야. 수없이 많은 묘가 늘어서 있는 공동묘지는 한눈에 들어오지 않을 만큼 광활해.

오늘날까지 남아 있는 베르됭 격전지의 흔적.

베르됭 두오몽 공동묘지에 1만5000명의 무덤이 있고,
납골당에는 13만 명분의 뼈가 보관되어 있어.

프랑스 정부는 완전히 파괴된 마을 땅에 표시를 해놓았어. 한때 두오몽 거주지가 있었던 곳에서 표지석들을 볼 수 있지. 표지석들은, 이곳은 사람들이 샘에서 물을 긷던 곳이며, 저쪽으로 아이들이 학교에 다녔다는 걸, 그리고 같은 건물에 시청이 있었다는 걸 보여 줘.

지금은 그곳에 아무것도 없어. 모든 것이 무지무지하게 평화로운 인상을 주지. 바람이 나무 사이로, 잔디 위로 살랑살랑 불고 아주 고요해. 하지만 우리 할아버지가 젊었을 적에 이곳은 상상을 초월할 정도로 끔찍했어.

전장에는 지독한 악취가 감돌았어. 살이 썩는 냄새, 바로 시체가 썩는 냄새 말이야. 참호들 사이에 시체가 널려 있었고 그곳에서 썩어 가기 시작했어. 많은 시체는 조각조각 찢긴 상태였지. 베르됭 전쟁 박물관에는 오리지널 사진들이 3D로 전시되어 있어. 여간해서는 다른 곳에서 볼 수 없는 사진들이야. 사진들을 통해 반쯤 썩은 젊은이의 상체, 잘려 나간 다리가 흩어져 있는 모습을 볼 수 있어.

✚
표지석: 두오몽에 있었던
학교의 유일한 흔적.

몇 년 전에 본 영화가 하나 생각나.

그 영화를 보고 처음으로 1차대전 당시의 상황을 상상할 수 있었어. 2004년에 나온 장 피에르 주네 감독의 〈인게이지먼트〉라는 영화야. 그 영화에서 군인들은 우스운 군모를 쓰고 익살맞은 구레나룻을 기르고 있지 않아. 그들은 여자애들에게 절망적으로 사랑에 빠지는 젊은 청년들이지. 여자애들은 군인들이 무서워서 거의 돌아 버리려고 해. 어린 군인 중 한 사람인 마네끄는 바로 옆에 있던 친구가 수류탄에 맞아 갈가리 찢기는 모습을 보면서 거의 미쳐 버리게 되지. 친구의 몸은 산산조각 나서 마네끄 위로 쏟아져 내렸어. 살덩어리, 피, 내장들… 그 순간 마네끄는 미친 사람처럼 울부짖어. 그것이 전쟁이었어. 그것이 전쟁이야.

내가 레마르크의 소설 《서부전선 이상 없다》를 처음으로 손에 든 것은 열일곱 살 때였어. 에리히 마리아 레마르크는 그 소설에 자신의 전쟁 경험을 녹여냈지. 그 책이 처음 나온 건 1929년이

레마르크의 《서부전선 이상없다》 중

"하이에 베스투스가 등이 찢어진 채 질질 끌려온다. 숨쉴 때마다 상처를 통해 허파가 들썩거린다. (…) 두개골이 떨어져 나간 채로 아직 목숨이 붙어 있는 사람들이 보인다. 두 다리가 잘려나간 채 걸어 다니는 군인들도 있다. 어떤 병사는 무릎이 박살난 채 두 손에 의지하여 2킬로미터를 기어간다. 또 다른 병사는 빠져나온 창자를 두 손으로 움켜쥔 채 응급치료소로 간다. 입, 아래턱, 얼굴 전체가 날아간 사람들도 있다."
— 에리히 레마르크, 《서부전선 이상 없다》 중에서

었는데, 책을 읽다 보면 정말 몸서리가 나곤 해.

역사책에 보니 최초의 총력전은 1914년에서 1918년 사이에 처음 있었다고 되어 있더라고. 이전의 전쟁에서도 물론 도시와 마을이 파괴되긴 했지만, 나라들이 그들의 경제력과 힘을 총동원해서 이웃 나라 사람들을 가능하면 많이 죽이려고 한 것은 1914년부터였다고 해.

죽이는 건 생각할 수 있는 모든 방법으로 자행되었지. 2000년 전 로마인들이나 게르만인들이 그랬던 것처럼 남자들은 기다란 칼로 서로의 몸을 찌르기도 했어. 나는 데이터 뱅크에서 소총에 꽂혀 있는 총검 사진을 보았는데, 저게 정말 위험한 것이었을까 싶을 정도로 아름다워 보이기만 했어. 그런데 열여덟 살짜리 프랑스 애가 동갑내기 독일 애의 배를 저런 걸로 콱 찔렀다고 생각하니 소름이 확 끼치더라.

화염방사기 ─ 이 이름은 좀 멋들어지게 들리지 않니? 사진에서 보니 서커스에서 불을 뿜을 때 쓰이는 도구 같은 모습이었어. 하지만 사실 화염방사기는 몇십 미터 떨어져 있는 상대방을 산채로 불사르기 위해 쓰는 무기야. 독일은 1916년 베르됭 전투에서 공격할 때 이런 끔찍한 무기를 대량으로 투입했다고 해.

기관총 ─ 기관총은 1차대전에 최초로 대량으로 투입되었어. 1분에 600발씩 쏘아 댈 수 있었지. 1초에 총알 10개를 말이지. 한 발만 맞아도 죽거나 치명적인 부상을 당할 수 있었어. 저편에서 기관총 세례를 퍼붓는데 돌격하러 나가야 하는 거야. 정말 생각만 해도 끔찍하지. 기관총 사수들이 순식간에 여남은 명 또는 수백 명을 죽이거나 부상을 입힐 수 있다는 걸 생각하면 정말 소름이 끼쳐.

✛
1914년 완전히 파괴된 랭스의 모습.

독가스—가스로 사람을 죽이는 게 불태워서 죽이는 것보다 더 끔찍한가? 나도 잘 모르겠어. 겨자 가스라는 독가스는 겨자 냄새가 나서 그런 이름이 붙었어. 겨자라니 언뜻 별로 위험해 보이지 않지만, 효과는 아주 끔찍해. 겨자 가스는

피부를 썩어 들어가게 하지. 흡입하면 허파꽈리(폐포)를 파괴시켜. 그리고 포스겐 가스라는 것은 피부에는 그다지 특별한 해를 끼치지 않지만 폐를 손상시키지. 포스겐 가스를 흡입한 사람은 똘망똘망한 의식 속에서 자신의 가장 중요한 장기 중 하나가 화끈거리며 피로 범벅이 된 점액질 상태로 망가져 가는 것을 느끼게 되는 거야. 염소 가스는 이들보다 치명적이지는 않지만, 폐와 눈을 자극해서 군인을 전투 불능 상태로 만들어. 독일, 프랑스, 영국 모두 1차대전에 독가스를 투입했지. 벙커 안쪽이나 참호에 숨어 있어도 가스는 못 당해 낼 거라고 장군들은 생각했거든. 군인들은 가스 마스크를 쓰고 목숨을 구해 보려 애썼어. 하지만 많은 사람들은 그런 마스크조차 없거나, 마스크를 써도 그다지 도움이 되지 않았지. 그래서 1차대전 동안 독가스로 사망한 군인의 수가 약 9만 명인 것으로 추정되고 있어. 물론 독가스로 전쟁의 승패가 결정 난 것은 아니었지만.

포격전 ─ 포격전이 본격적으로 진행된 것은 2차대전이 되어서였지. 드레스덴, 함부르크, 쾰른, 베를린, 코벤트리, 로테르담, 히로시마 같은 도시들이 포격전으로 파괴되었어. 1939∼1945년 사이에 포탄으로 인한 파괴는 정말 어마어마했지. 하지만 1차대전 때도 여러 나라들이 적군의 도시들에 피해를 입히고자 수단과 방법을 가리지 않았어. 사진으로 1914년 프랑스의 도시 랭스의 모

'디케 베르타'
— 끔찍한 대포를 칭하는 우스운 말

2012년 신문 경제면에 '디케 베르타(뚱뚱한 베르타)'라는 말이 종종 등장했어. 정치가들이 유럽연합의 부패 위기에 만반의 전투태세로 임하겠다는 뜻이었지. 그들은 위기와 싸우기 위해 엄청나게 많은 돈을 손에 쥐고 싶어 했어. 그런데 원래 '디케 베르타'라는 말은 1차대전에 처음으로 투입된 대구경포의 이름이었어. 포탄의 지름은 약 42센티미터였고, 포신의 구경은 아주 커서 군인의 아래팔 길이만큼 되었어. 이 엄청난 대포에 누가 그런 익살맞은 이름을 붙여 주었는지는 알려져 있지 않아. 하지만 디케 베르타로 쏜 포탄을 맞은 군인들은 그 이름을 우습게 생각하지 않았을 거야. 전쟁 중에 '디케 베르타' 형의 대포는 12문밖에 제작되지 않았어.

✚

'디케 베르타'는 가공할 피해를 불러왔어.

습을 보니, 그 파괴의 정도가 1945년의 뮌헨이나 베를린의 사진들과 별로 다르지 않아 보였어.

랭스는 무엇보다 독일인들이 도시 근처의 시골길에 가져다 놓은 대구경포의 포격을 받았어. 하지만 1차대전에서는 역사상 처음으로 공습(공중에서 공격하는 것)도 이루어졌지. 독일군은 체펠린 비행선으로 벨기에의 앤트워프와 영국의 도시들에 폭격을 퍼부었고, 영국인들도 쾰른이나 뒤셀도르프에 폭탄 세례를 가함으로써 그에 맞섰어. 피해 규모는 땅에서 벌어지는 전투보다는 작았지. 2차대전 때의 공습보다는 덜 파괴적이었고. 하지만 1914년부터 분명했던 것은 이제 전쟁은 더 이상 군인들만의 싸움이 아니라는 것이었어. 이제 전쟁은 군인과 민간인을 구분하지 않고, 적국 전체, 그리고 적국 국민 모두가 대상이 되는 것이었어. 바로 총력전이 되었던 거야.

전차 — 옛날 중세 전투원들은 몸을 보호하기 위해 갑옷을 만들어 입었어. 갑옷을 도입했던 건 프랑스인들이 먼저였지. 그때 이미 사람들은 오늘날의 전차 같은 걸 구상했어. 하지만 그걸 만들 기술이 없었지. 전차가 제작된 것은 1916년부터야. 영국 사람들이 처음으로 만들었지. 이 전차는 이제 군인들을 태우고, 캐터필러를 이용해 전쟁터를 굴러가게 되었어. 영국인들은 이런 기구를 탱크라고 불렀지. 처음의 전차는 오늘날처럼 속도가 빠른 하이테

✚

1차대전 때의 영국 탱크.

크 전투 장비가 아니었어. 매우 느릿느릿, 거의 사람들이 걷는 속
도로 전진했지. 그리고 프랑스의 진흙탕에 빠져 오도 가도 못 하
는 경우가 많았어. 하지만 그래도 전차는 새로운 차원의 전투를
가능케 했지. 그리고 엄청난 공포심을 불러일으켰어. 영국, 프랑
스, 미국은 이런 공포심을 확산시키는 데 주력했어.

　　기관총, 독가스, 화염방사기, 대포, 전차⋯ 젊은이들이 어떻
게 이 모든 것을 견딜 수 있었을까? 할아버지 세대는 이런 전면전
을 통해 어떻게 변했을까? 이때 시작된 전면전은 30년 후인 1945
년 5월 8일에야 끝났어.

인간됨의 끝

나는 그들이 처한 상황이 그들을 거의 미치게 만들었다고 생각해.

오늘날 끔찍한 사고를 목격한 사람들은 심리적 치료를 받을 수 있어.

그래야만 트라우마에서 벗어날 수 있지.

하지만 우리 할아버지 세대는 그런 심리적 응급처치도

받지 못한 채 오랫동안 가공할 피바다에 던져졌어.

그런 상황에서 정신이 회까닥하지 않으려면

'눈 감고 나아가기' 전략을 택할 수밖에 없었지.

아니면 내세의 삶에 희망을 걸거나.

"나는 내면의 야만화가 두렵다." 프란츠 블루멘펠트는 1914년 10월, 전쟁이 시작된 지 10주 만에 집에 보내는 편지에 이렇게 적었어. 참전하기 전 그는 프라이부르크에서 법학을 공부하는 대학생이었지. 그는 이 편지를 보내고 두 달 후 사망했어. 스물두 살의 아까운 나이로 말이야. 프란츠 블루멘펠트는 편지에서 특히 한 가지 사실에 너무나 놀라게 된다고 적었어. 그것은 바로 계속해서 시체와 부상자를 접하다 보니, 이제 그런 것이 아무렇지도 않게 되었다는 거야. "그에 대한 고통은 전쟁 전에 상상했던 것보다 그렇게 강렬하지도 않고 오래가지도 않는다." 그러나 프란츠는 그 이유를 명백하게 의식하고 있었어. 자꾸 무디어지기 때문이라는 것이었지. 대학생이 가지고 있던 부드러운 감성과 섬세한 사고는 전선에서 쓸모없는 것이었어. 블루멘펠트는 "이곳 사람들 사이에 감도는 믿을 수 없을 정도의 야만성을 견디기가 힘들다."라고 적었어. 죽이고, 죽임당할 것을 늘 염두에 두어야 하는 사람들의 분위기였지. 프란츠 블루멘펠트의 편지는 1915년에 처음 서간집으로 묶여 나왔고, 전쟁이 끝난 후인 1918년에 재판이 나왔어. '전사한 대학생의 전쟁 편지들'이라는 제목으로 인터넷에서도 일부를 읽을 수 있지.

살육을 다른 시각으로도 볼 수 있어. 프란츠 블루멘펠트가 두려워했던 야만화의 시각이지. 나는 1차대전 당시 프랑스 지중해 섬 코르시카에 살았던 한 가족의 이야기를 쓴 책을 읽었어. 이 책을 쓴 사람은 젊은 코르시카 청년이었는데 그는 이렇게 적었어. "그들은 악마처럼 싸우고, 웃으면서 적진으로 달려간다. 그리고 튜튼 사람(게르만의 한 부족, 게르만인—옮긴이)의 몸을 힙페(Hippe)로 찌르면서 열광하고 고함을 지른다." 처음 읽을 때 '힙페가 뭐지?' 했어. 코르시카어로는 루스타기아(Rustaghia). 그것은 커다란

비인간화로의 교육

에리히 마리아 레마르크는 그의 소설 《서부전선 이상 없다》에서 전투에 나갈 젊은 신병을 교육시키는 모습을 이렇게 묘사했어.
"우리는 거칠고 의심 많고 차갑고 복수심에 불타고 야만적인 사람이 되었다. 그것은 좋은 일이었다. 우리에겐 바로 이런 특성들이 부족했으니까. 이런 교육을 받지 않고 참호로 갔다면, 우리 대부분은 미쳐 버렸을 것이다. 그러나 우리는 그렇게 우리를 기다리는 것에 준비되어 있었다. 우리는 무너지지 않고 적응했다."

낫처럼 생긴 코르시카의 전통 농기구였어.

이 책을 쓴 가브리엘 쿨리올리는 큰삼촌이 루스타기아로 독일인을 찌르던 모습을 자세히 묘사해 놓았어. 삼촌은 양심의 가책을 느꼈을까? 전혀. 오히려 정반대였어. 쿨리올리는 "사비에르 삼촌은 보쉬를 죽일 때마다 루스타기아 손잡이에 금을 하나씩 새겼다."라고 적었어. 보쉬는 프랑스 사람들이 독일인을 비하해서 부르는 말이야. 아직까지도 프랑스에서 흔히 쓰는 말인데, 물론 '보쉬(Bosch)'라는 독일 회사하고는 아무 상관이 없는 이름이지. 가브리엘 쿨리올리는 소위가 군인들에게 어떤 약속을 했는지 서술해 놓았어. "6개월 동안 새긴 금이 가장 많은 사람은 대십자 훈장을 받게 된다."라고 말이야. 그러니까 당시 프란츠 블루멘펠트 같은 동년배 독일인들을 마구 죽이고, 자신의 칼 손잡이에 금을 그을 때, 사비에르는 독일인들을 한 사람의 인간으로 보지 않았던 것이지.

독일 작가 에른스트 윙거 역시 전선에서 동년배 영국 군인과 프랑스 군인에게 총을 쏘거나 수류탄을 던질 때도 그들을 인간으로 보지 않았던 것이야. 《강철 폭풍우 속에서》라는 책에서 에른스트 윙거는 자신이 소위로서 경험한 '파괴의 의지'에 대해 서술했어. "무지막지하게 적을 죽이고 싶은 마음이 나의 걸음에 날개를 달아 주었다."라고 말했지.

전선의 많은 군인들은 물론 자신들의 생명이 위험한 가운데 있다는 걸 알았어. 하지만 자신의 죽음에 대한 두려움을 성공적으로 떨쳐 버릴 수 있었지. 신학도였던 프리드리히 헤세는 전사하기 바로 직전에 자신은 죽음이 두렵지 않다고 썼어. 오히려 반대라고 했지. "우리 모두 언젠가는 죽게 된다. 그렇다면 전쟁터에서 의무를 충실히 수행하다가 죽는 것보다 더 명예로운 죽음이 어디 있겠는가."라고 적었어. 요한네스 하스는 한 걸음 더 나아갔어. 그는 프리드리히 헤세처럼 — 그리고 우리 할아버지처럼 — 신학도였는데, 자신의 편지에 이렇게 적었어. "하느님을 뵙는 것, 그의 영광을 보고 내가 이 무지한 인간 이성으로 그리워하고 갈망하던 모든 것을 보는 것은 얼마나 멋질까요. 그의 평화를, 오 나는 즐거운 마음으로 내세를 생각합니다. 많이 생각합니다."

오늘날 나는 이슬람 급진주의자(극단주의자)들의 자살테러 소식을 들을 때면 고개를 절레절레 흔들어. 하지만 솔직히 생각해 봐. 요즘 미군 부대 내에서 자살폭탄테러를 하는 젊은 아프가니스탄 청년이나 우리 할아버지 세대의 유럽 젊은이들 모두 같은 생각을 했던 게 아닐까? 싸우다 죽으면 천국에 간다고 말이야. 할아버지 또래의 젊은 독일인들이 어떻게 그런 생각을 했을까? 그들은 어떻게 총검과 기관총, 화염방사기와 독가스로 적군을 죽이는 데 함께했던 걸까? 1차대전에서 서로 치고 받았던 수백만 젊은이들

1914년의 크리스마스 이야기

전쟁 중에 크리스마스 이브를 맞아 잠시 휴전하고 적군끼리 화목하게 친교를 했다는 이야기 들어 봤어? 독일군과 영국군이 서로 선물을 교환하고, 참호 사이에서 축구를 했다는 이야기 말이야. 전쟁이 시작되고 4개월 반 지난 시점의 이런 동화 같은 크리스마스 이야기는 널리 전파되었어. 진짜로 몇 번 정도 전선에서 적군끼리 짧은 시간 서로 친교를 나누었다는 증거들이 있어. 하지만 조심해야 해. 그런 기록들 때문에 전쟁이 어느 정도 인간적인 것이었다고 믿으면 큰일이니까. 평화로운 크리스마스 이야기는 정말 예외적인 일이었고, 1914년 12월 24일 벨기에 전선에 투입되어 있던 루드비히 핑케가 기록한 모습들이 더 일반적인 것이었어. 루드비히 핑케는 "부상자들의 비명 소리, 총알이 날아가는 소리, 수류탄이 터지는 소리 — 이것이 끔찍한 크리스마스 음악이다."라고 적었지. 루드비히 핑케는 약 6개월이 지난 뒤 스물한 살의 나이로 전사했어.

✚
1914년의 크리스마스 같은 일은 정말 예외적인 일이야.

인간됨의 끝

131

의 머릿속에는 과연 무엇이 있었을까?

나는 그들이 처한 상황이 그들을 거의 미치게 만들었다고 생각해. 오늘날 끔찍한 사고를 목격한 사람들은 심리적 치료를 받을 수 있어. 그래야만 트라우마(정신적 외상)에서 벗어날 수 있지. 하지만 우리 할아버지 세대는 그런 심리적 응급처치도 받지 못한 채 오랫동안 가공할 피바다에 던져졌어. 그런 상황에서 정신이 회까닥하지 않으려면 '눈 감고 나아가기' 전략을 택할 수밖에 없었지. 아니면 내세의 삶에 희망을 걸거나.

독일군 장교 헤르만 라인홀트가 3년간의 전쟁을 치른 후 기록한 글을 보면 그들의 형편이 잘 나타나 있어. 격전이 끝난 후, 그는 집에 있는 가족들에게 이렇게 적어 보냈어. "전쟁은 섬뜩한 것이다. 우리는 환호성을 올리며 살아 움직이는 젊은이들에게 총을 쏜다. 피를 흘리며 쓰러지는 사람들이 많을수록 더욱 열광한다. 그러다 광기가 지나가고 나면, 슬그머니 서로에게 얼마나 불행한 짓을 했는지가 느껴진다." 따라서 대부분의 군인들은 전쟁의 끔찍함에 대해 경악했을 거야. 하지만 계속해서 민족과 황제와 조국을 위한 싸움이라며, 전쟁에 의미를 부여하려고 했어.

헤르만 라인홀트 같은 이들이 전쟁 중에 기록한 편지에는 이런 혼란스런 마음들이 잘 드러나 있어. 헤르만 라인홀트는 포탄한 방에 독일인 다섯 명이 한꺼번에 전사한 일에 대해 이렇게 적었어. "한 방에 그들 모두가 으스러졌다. 처음 보는 무지막지한 규모였다. 흩어진 팔다리가 누구의 것인지 도저히 분간이 안 되었다." 그러나 몇 줄 뒤 그는 어깨를 으쓱하며 "군인들이여, 전진 하자!"라고 적었지. 헤르만 라인홀트는 싸움의 '기사도'를 이야기 하는 동시에 그들이 얼마나 담배가 '고팠는지'를 이야기했어. 그래서 영국 군인들의 시체를 발견하면, 가장 먼저 "배낭을 뒤졌"으며, 그러다 보니 "이미 50개비의 품질 좋은 담배를 확보하고 있다."라고 적었어. 내겐 그런 행동이 결코 '기사도'에 충실한 행동처럼 보이지 않아. 그저 시체털이에 불과할 뿐.

많은 군인들은 정신 나간 '기사도'와 살육을 정신적으로 버텨내지 못했어. 그래서 정신이 정말로 돌아 버리기도 했지. 포탄을 칭하는 영어가 shell이라서, 이렇게 전쟁에서 찾아오는 신경증을 포탄충격(shell shock)이라고 불러. 이 신경증에 걸린 군인들은 며칠, 몇 주, 몇 달간 몸을 덜덜 떨었지. 더 이상 정상적인 삶을 사는 것이 불가능했어. 영국 군대에서만 약 8만 명의 군인들이 포탄충격이라는 신경증을 진단받았어. 전쟁에 참전한 모든 나라를 종합하면 이런 신경증에 걸린 군인들은 수십만 명에 이르렀을 것으로 추정된다고 해.

그러나 1차대전 중에는 그 누구도 참전한 군인들이 정신적으로

전쟁을 통해 야만적으로 변하여 사람을 죽이는 것을 아무렇지도 않게 여기게
된 대표적인 사람은 아돌프 히틀러일 거야. 전 유럽인을 유례없는 불행에 빠
뜨린 아돌프 히틀러는 전쟁 시작 직후에 정말 잔인한 전투들을 경험했어. 그
가 속했던 연대의 70퍼센트가 전사했지. 역사학자 이언 커쇼는 이렇게 적었
어. "이때부터 죽음은 매일같이 히틀러의 일생과 동반했고, 히틀러는 인간의
고통에 대해 감정적으로 완전히 무디어졌다. 싸워서 살아남고 승리하는 것.
그것이 전부였다."

온전할 수 있을까를 묻지 않았어. 그 반대였어. 군인들은 평화 시
라면 아주 병적이다 못해 광적으로 여겨질 만한 태도를 지니도록
훈련받았지. 다른 사람을 가능하면 많이, 수단을 가리지 않고 살
육하도록 말이야. 적은 무찔러야만 하는 대상이라고 주입받았어.
전쟁을 하고자 하는 각국 정부는 국민들에게 그런 메시지를 입력
했지.

전쟁 중에는 프로파간다(정치적 선전)가 판을 쳤어. 균형 잡힌 정
보는 전혀 제공되지 않았지. 목표는 사람들을 전쟁에 내보내는
것이었어. 1차대전 때 제작된 플래카드와 우편엽서들을 보면 참
다양한 방법으로 프로파간다 메시지를 전달했다는 걸 알 수 있

어. 적군은 정신 나간 괴물로, 없애 버리지 않으면 안 될 존재로 묘사되었지. 미국이 젊은이들의 군 입대를 촉구하기 위해 제작한 프로파간다 포스터에는 독일군이 철모를 쓰고 노를 발하는 짐승으로 등장하기도 했어.

프랑스의 프로파간다에서도 독일인과 싸울 것을 촉구하는 유치한 일러스트가 등장했지. 독일 군인들이 악의에 찬 웃음을 흘리며 러시아 군인의 얼굴을 칼로 마구 찌르는 일러스트였어. 나는 이런 일러스트가 두 가지 면에서 나쁘다고 생각해. 우선은 전투에서 왕왕 정말로 그런 일이 일어났기 때문이고, 또 한 가지는 이런 프로파간다 일러스트로 인해 프랑스 젊은이들은 보쉬(독일인)들을 총검으로 찌르거나 독가스를 살포하여 죽이는 일이 옳고 정당한 일이라고 생각하게 되었을 것이기 때문이지.

"동부전선에서의 용감한 우리 군대"라고 적힌 독일의 우편 엽서도 가슴을 답답하게 하는 것은 마찬가지야. 이 엽서에는 러시아 집들이 마구 불타는 모습이 담겨 있어. 물론 집을 불태우는 것이 정말로 용감한 행동인지는 아무도 묻지 않았겠지.

한편으로 이런 프로파간다를 보면 온 국민에게 군국주의와 외국인 혐오를 심어 주려고 한 게 나치가 처음이 아니었음을 알게 돼. 독일인들은 제국주의 시대에도 이미 그런 쪽으로 세뇌를 당하고 있었던 거야. 1915년에 나온 전쟁 엽서에는 귀여운 독일 소

PRISONNIER RUSSE MUTILÉ PAR DES OFFICIERS ALLEMANDS

✚ 프랑스의 프로파간다 일러스트:
독일군이 러시아 포로의 얼굴을 칼로
마구 찌르는 모습을 담고 있어.

Unsere tapferen Truppen im Osten.

✚ 가옥이 불타는 장면을 '용감한'
싸움이라 칭했어.

년이 동양풍의 옷을 입은 소년들에게 총검을 들이대고 있는 그림
이 그려져 있고, 그 아래에 필기체로 "손 들어! 항복해!"라고 적
혀 있어. 그 총검으로 적을 쏠 수도 있고 찌를 수도 있다는 설명
같은 것은 없어. 이런 일러스트는 두 가지 메시지를 전달해 주지.
우선은 씩씩한 독일 남자애가 멍청해 보이는 적들을 무찌르고 있
다는 것, 또 하나는 적국은 북아프리카에서 온 듯한 우스운 옷을

적을 놀이 삼아 목을 잘라 버릴 수 있는 인형처럼 묘사한 엽서도 있었어.

프로파간다는 전쟁을 아이들 놀이처럼 묘사했어.

입은 식민지 소년들까지 전쟁에 참여시키고 있다는 거야. 정말이지 인종차별적인 냄새가 물씬 풍겨나는 엽서야.

연합국, 동맹국을 막론하고 프로파간다 엽서 속에 귀여운 아이들을 곧잘 등장시키곤 했어. 내 책상 서랍에 영국에서 나온 엽서가 하나 있는데, 그 엽서에는 아주 작고 귀여운 소년이 그려져 있어. 아직 말도 제대로 할 수 없을 것 같은 어린아이야. 이 아이가 아직 발음이 온전하지 않은 프랑스어로 "보쉬들 안 무서워."라고 이야기하지. 그 아이 앞에는 목이 잘린 작은 보쉬들이 나뒹굴고 있어.

내게 있는 또 하나의 엽서에는 1차대전 중에 널리 퍼져 있던 독일의 위트 넘치는(?) 프로파간다 시가 실려 있어. 커다란 대포 '디케 베르타(123쪽 참고)'에 대한 시야.

독일 대포가 으르렁대면
사랑하는 조국은 조용해지리.
한 번만 으르렁거려도
프랑스 놈, 벨기에 놈,
영국 놈, 러시아 놈
모두 줄행랑.
독일 대포가 으르렁거리면!

프로파간다뿐 아니라 술, 담배, 마약도 예나 지금이나 전쟁의 필수품이었어. 군인들은 미쳐 버리지 않고 두려움을 떨쳐 버리기 위해 술, 담배의 힘을 빌었지. 수백, 수천 년 전에도 마찬가지였어. 1차대전에 참전한 군인들도 폐가 버텨 낼 수 있는 한 줄담배를 피웠어. 헤르만 라인홀트가 편지에 적어 보냈던 것처럼 전쟁터에서 영국군 시체의 배낭을 뒤져 50개비의 담배를 구해 "한 대

프로파간다 엽서는 살상 무기를 아주 귀엽게 표현했어.

독일 신문 광고에서는 "술은 전쟁의 동반자"라고 말했어.

씩 한 대씩 야금야금 피워 대기도"했지.

담배보다 중요한 것은 맥주, 포도주 등의 술, 그중에서도 화주(증류주: 브랜디나 보드카 같은 도수가 높은 술—옮긴이)였어. 1915년의 한 신문 광고에는 독일 군인들이 첩첩이 쌓여 있는 브랜디 통 옆에 서 있는 모습이 그려져 있어. 광고에는 군인들이 그냥 맹물을 마시지 않고, 브랜디를 섞어 마셨다고 써 있어. 브랜디는 물을 "흡수가 잘되고, 맛있고 신선하게" 만든다고 말이야. 브랜디를 마시고 취하면 다음번 포격을 수월하게 감당할 수 있다는 말, 혹은 포탄이 떨어질까 봐 겁나는 마음을 술이 달래 준다는 말 같은 건 나와 있지 않아. 물론 군인들에게 술을 먹이고 무작정 뛰어들어 적군을 살육하게 한다는 말도 나와 있지 않지. 작가 에른스트 윙거는 그의 책 《강철 폭풍우 속에서》에서 "수통에 술을 채워 계속 돌려 마셨다."라고 전쟁 중 술 마시던 풍경을 묘사했어. 군인들은 독주를 마시고 술에 취해 적진으로 돌격했지. "피에 대한 굶주림, 분노, 술취함으로 유발된 혼란스런 감정 속에서" 말이야.

따라서 1차대전에 참전했던 사람 중 다수가—오늘날의 기준에서 보자면—전쟁 전부터 이미 정신적으로 건강한 상태가 아니었던 것이 확실해. 프로파간다, 군국주의, 인종차별주의, 쇼비니즘이 얼룩진 분위기에서 자랐고, 이런 생각들이 그들을 선동했지. 그들은 자원해서 다른 사람을 죽일 준비가 되어 있었어. 그리고 전쟁에서 살아남은 모든 사람이 정신적으로 상당히 큰 손상을 입은 상태에서 집으로 돌아갔지.

독일 군인들이 당한 정신적 피해는 더 심각했어. 그들은 패배자로 제대했거든. 군인들은 전쟁 중에 목숨을 걸었고 신체적, 정신적으로 힘든 고통을 견뎠어. 그런 위험을 감수한 것은 단 한 가지, 자신의 조국에 승리를 안겨 주고, 독일을 더 강대국으로 만들기 위해서였어. 하지만 독일은 결국 패배해 버렸고 어느 모로 보나 더 약해졌어. 영토의 10분의 1을 잃었고, 전쟁으로 말미암아 경제가 바닥으로 곤두박질쳤지.

그러니 독일이 1918년 이후 진정한 평화를 되찾기까지 왜 그리 오랜 세월이 필요했는지 좀 더 잘 이해가 될 거야. 수년 동안 전쟁을 하며 폭력과 사람 죽이는 일을 아무렇지도 않게 일삼던 수백만의 군인들이 집으로 돌아왔으니 어떻게 되었겠어? 그들 중 많은 사람들은 그 버릇을 냉큼 고치지 못했지. 그래서 바이마르 공화국과 소위 '황금기'라 불리는 1920년대는 결코 평화로운 시대가 아니었어. 시민전쟁에 버금가는 전투, 싸움, 정치적 암살(196쪽 '독일 혁명의 짧은 겨울' 장과 212쪽 '위대한 나라에 대한 어리석은 꿈' 장 참고)로 얼룩진 시대였지. 1933년부터 독일에서 폭력에 기반한 정치적 조류가 우세해지기 시작했는데, 이것은 1914년부터 고삐가 풀린 비인간화 경향이 계속해서 작용하고 있었던 거라고 볼 수

있어. 이후 1939년부터 1945년까지 유럽을 휩쓴 2차대전은 수천
만 명에게 상상하기 힘든 트라우마를 안겨 주었지.

역사적으로 몇십 년밖에 되지 않은 과거에 유럽인들이 전쟁에
서 다시 전쟁으로 걸어 들어갔다는 사실이 오늘날에는 정말 이해
가 되지 않을 거야. 눈에 띄게 드러나지 않지만 오늘날에도 내면
깊은 곳에서는 전쟁에 대한 트라우마가 계속해서 작용하고 있다
고 생각해. 당시 목숨을 내걸고 죽고 죽이는 일에 참여했던 이들
에게 주어진 위로는 단 한가지였어. 조국을 위해 싸우는 건 영웅
적인 행위이며, 싸우다가 죽는 건 영웅적인 죽음이라는 것. 1차대
전 때 나온 엽서 중 하나에는 적십자 제복을 입은 아름다운 젊은
여성이 죽어 가는 군인을 위로해 주는 장면이 담겨 있어. 그 위에
이렇게 쓰여 있지.

　　하느님과 함께 황제와 조국을 위해
　　부드러운 손길의 마지막 사랑의 봉사를 받노니.
　　창백한 입술에 머금은 비탄 없는 기도
　　하느님이 그대를 지켜 주시기를.
　　그대 사랑하는 조국 독일이여!
　　충성스런 가슴은 뛰기를 멈추노라.

프로파간다와 감상이 섞인 1차대전 당시의 엽서.

　그랬어. 트라우마를 겪은 수백만 군인에게 주어진 것은 심리
적인 위로였어. 그들이 견딘 고통이 그들을 영웅으로 만들어 준
다는 격려. 물론 오늘날 그런 말은 가슴에 와 닿지 않아. 그러나
최소한 당시에는 그런 말들이 가슴에 와 닿았던 게 틀림없어.

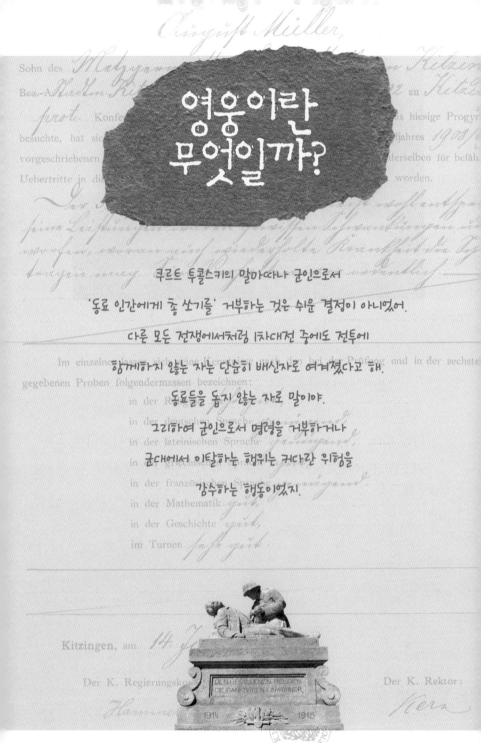

영웅이란 무엇일까?

쿠르트 투콜스키의 말마따나 군인으로서

'동료 인간에게 총 쏘기를' 거부하는 것은 쉬운 결정이 아니었어.

다른 모든 전쟁에서처럼 1차대전 중에도 전투에

함께하지 않는 자는 단순히 배신자로 여겨졌다고 해.

동료들을 돕지 않는 자로 말이야.

그리하여 군인으로서 명령을 거부하거나

군대에서 이탈하는 행위는 커다란 위험을

감수하는 행동이었지.

"그대들의 영웅적인 죽음은 고향에 꼭 필요한 것이었다".

난 이 문장을 학창 시절 내내 등하교할 때마다 보고 다녔어. 내 고향인 로텐부르크 옵 데어 타우버의 많은 학생과 교사가 영웅적인 죽음을 맞았던 것이지. 내가 김나지움에 다닐 때 학교가 건물을 새로 지어 이사했는데, 옛 건물에 있던 기념 현판 두 개도 새로운 건물로 따라갔어. 기념 현판 하나에는 이 학교 출신의 1차대전과 2차대전 전사자 명단이 있었고, 그 위에 짧은 시가 새겨져 있었지.

AUS DER SCHULE INS LEBEN ZUM
KAMPFE HINAUS VOM FRIEDLICHEN
STREBEN ZUM BLUTIGEN STRAUSS
FÜR DER HEIMAT NOT EUER HELDENTOD

✛

로텐부르크 김나지움의 기념 현판("학교를 떠나 전쟁터로, 평화로운 학업을 떠나 피비린내 나는 전장[Strauss]으로. 그대들의 영웅적인 죽음은 고향에 꼭 필요한 것이었다.")

영웅이란 무엇일까?

나는 이 기념 현판을 보며 어감이 좀 우습다고 생각했어. 'Strauss'라는 말이 '전투'를 칭하는 고대 언어라는 걸 나중에야 알았지. 아무튼 현판의 서체와 잘 어울리는 단어였어. 똑같은 서체로 전쟁에서 전사한 학생들과 교사들의 이름이 새겨져 있었지. 내 나이 정도의 학생들이 대학입학자격시험도 채 보기 전에 프랑스, 벨기에, 러시아 등에서 숨졌다는 사실을 그땐 별로 의식하지 못했어. 학교를 졸업하고 오랜 시간이 지난 다음에야 그 사실을 의식하게 되었지.

내가 현판에 그렇게 관심이 없었던 이유는 '영웅'이라는 말 때문이었는지도 몰라. 당시 '영웅'이라는 단어는 내게 아주 멍청하고 바보같이 들렸거든. 학창 시절 내가 알고 있던 1차대전의 영웅은 딱 하나였어. 나는 이 영웅이 아주 우습다고 생각했지. 바로 연재 만화 〈피너츠(Peanuts)〉에 나오는 강아지 스누피 말이야. 유명한 전투기 조종사로 나오잖아. 강아지 집 위에 앉아 날아가지만, 스누피에게 강아지 집은 1차대전의 영국 전투기 '솝위드 카멜(Sopwith Camel)'이나 마찬가지야. 스누피는 '레드 바론(Red Baron, 붉은 남작)'의 야심만만한 적수였어.

'레드 바론'은 1차대전 당시 독일 공군의 에이스 조종사였던 만프레트 폰 리히트호펜의 별명이었어. 붉은색으로 칠한 전투기를 타고 다니며 영국 비행기를 80기 넘게 격추시켰던 인물이지.

✚
레드 바론이 몰던 비행기의 모형.

1차대전의 전투기 조종사들 중 비행기를 가장 많이 격추시킨 일
등 공신이었어. '와우 굉장하군!'이라는 생각이 드니? 하지만 이
통계가 말해 주는 바는 '레드 바론'이 비행기를 격추시키는 바람
에 사망한 사람이 75명은 너끈히 된다는 의미야. 폭격과 기관총
사격까지 따지면 훨씬 더 많은 사람이 리히트호펜의 손에 세상을
떠났지.

자신의 삶을 기록한 책에서 리히트호펜은 부조종사와 함께
한 무리의 러시아 군인들에게 기관총 사격을 가했던 이야기를 소
개하면서 "엄청나게 재미있었다."라고 적었어. 공중으로부터 사
람들과 집들 사이로 폭탄을 투척하는 것도 재미있어했어. "우리는

아주 즐겁게 폭탄을 던졌다."라고 적었지. 왜 이런 살육을 해야 하는 것인지 회의를 느끼는 기색은 만무하고, 자신의 폭격으로 사망하는 사람들에 대한 연민 같은 것조차 찾아볼 수 없었어. 기관총과 폭탄이 어떤 결과를 초래하는지 리히트호펜 자신이 정확히 알수 있었다는 것은 확실해. 그는 낮에 작전을 수행했고, 2차대전의 조종사들보다 목표물 위를 훨씬 낮게 날았지. 이런 사람이 영웅이었다고? 영웅이라기보다 킬러였다고 말할 수 있지 않을까? 게다가 리히트호펜은 인종차별주의자였어. 자신이 쏜 기관총에 러시아인들이 혼비백산해서 뿔뿔이 흩어진 것에 대해 "아시아인들처럼 개화가 덜 된 민족들은 교양 있는 영국 사람들보다 겁이 더 많다."라고 적었지.

그럼에도 리히트호펜은 본받을 만한 사람으로 여겨졌고, 오늘날까지 영웅으로 여겨지고 있어. 적군들까지도 '붉은 남작'을 영웅으로 존경했다고 해. 1918년 4월 21일, 영국군이 리히트호펜의 비행기를 격추시켰을 때, 영국군은 자신들이 고인이 된 리히트호펜을 '군인으로서의 예우를 갖추어' 장례를 치러 주었다고 공식적으로 알려 왔지.

하지만 1차대전에서 꼭 만프레트 폰 리히트호펜처럼 많은 사람을 죽여야 영웅이 되는 건 아니었어. 모두는 죽음으로써 이미 영웅이 되었어. 우리 집에서 불과 수백 미터 떨어진 곳에 있는 뮌헨 퓌르스텐리트 군인묘지 기념비의 전사자 명단 위에는 "쓰러진 영웅들을 기리며 ─ 시민들의 감사한 마음을 담아."라고 되어 있어.

다른 나라에서는 전쟁에 참여한 것만으로도 영웅으로 여겨지지. 영국에서는 참전군인 모두가 빅토리 메달(Victory Medal)을 받았어. 그 메달 위에는 'The Great War for Civilisation(문명을 위한 위대한 전쟁)'이라고 새겨져 있어. 문명을 위해 위대한 전쟁을 치른 사람은 스스로를 영웅으로 생각할 수 있었지.

✚
뮌헨 퓌르스텐리트의
전사자 기념비.

DEN GEFALLENEN HELDEN
DIE DANKBAREN EINWOHNER.

1914   1918

예전 동프랑스의 두오몽 요새 자리에는 그리 오래되지 않은 기념비가 있어. 1차대전 당시 베르됭에서 있었던 격전의 90주년을 기념하여 2006년에 세운 것이지. 기념비에는 '베르됭 전투의 영웅들을 기리며'라는 문구가 새겨져 있었어. 이 기념비를 보며 갈기갈기 찢긴 시체들, 물이 차고 쥐들이 들끓는 진흙탕 참호가 있던 베르됭에서 뭐 그리 영웅적인 일이 있었을까 하는 생각이 들더라.

하지만 솔직히 말해 요즘 우리가 영웅적인 것이라고 생각하는 것도 많이 다르지는 않은 것 같아. 난 예전에 영웅적인 투쟁에 대해 낭만적인 환상을 가지고 있었어. 열다섯, 열여섯 살 때는 정글에서 라틴아메리카의 독재자들과 총을 들고 싸우는 게릴라 전사들을 존경했지. 그래서 학교에서 '엘살바도르에 무기 보내기' 캠페인을 위한 모금 운동을 주도하기도 했어. 나는 중앙아메리카의 게릴라들을 체 게바라의 뒤를 잇는 사람들로 보았어. 아르헨티나 출신으로 쿠바에서 바티스타 독재정권에 대항하여 혁명을 주도했던 체 게바라가 진정한 영웅이라고 생각했거든.

베르됭의 영웅 기념비.

다리를 잃은 걸 기념합니다

150

하지만 나는 타마라 분케만큼 능동적으로 나가지는 못했어. 타마라 분케는 동독에서 자랐는데, 1961년 체 게바라 같은 사람들과 함께 싸우기 위해 라틴아메리카로 건너갔지. 그곳에서 그녀는 '타니아 라 게릴레라(Tania la Guerrillera, 게릴라 타니아)'라고 불렸는데, 체 게바라와 마찬가지로 1967년에 암살당했어. 타마라 분케는 영웅적인 죽음을 맞은 것일까? 예전 동독 사람들은 그녀를 영웅으로 추앙했어. 그녀의 이름을 딴 학교들도 많았지. 1990년대 이후에는 이름을 바꾸었지만 말이야. 통일된 독일에서 어떤 사람을 영웅으로 여길 것인가 하는 기준은 예전의 동독 때와는 많이 달라졌거든(196쪽 '독일 혁명의 짧은 겨울' 장 참고)

다른 사람들에게 총을 쏠 때 타마라 분케나 체 게바라는 무슨 생각을 했을까? 그들의 생각 역시 수백 년간 대부분의 군인들이 했던 생각과 비슷했을까? "상대방을 죽이는 것은 옳고 정당한 일이야. 내가 그를 죽이지 않으면 그가 나를 죽일 테니까."라고? 열여섯, 열일곱, 열여덟 살 아이들이 간혹 위험한 상황을 멋지다고 생각하는 것처럼, 때로 위험이 주는 스릴과 긴장을 만끽했던 것일까? 만프레트 폰 리히트호펜이 다른 전투기를 격추시킬 때 '짜릿한 긴장감'을 느꼈다고 했던 것처럼? 전투를 '에고 슈터' 같은 컴퓨터 게임을 실제상황에 옮겨 온 것쯤으로 생각했던 것일까?

몇 달 전 쿠바를 여행하다 보니 정말 곳곳에 위대한 영웅 체 게

바라를 기리는 기념비가 세워져 있었어. 곳곳에 그의 사진이 보였지. 지폐에도 체 게바라의 얼굴이 찍혀 있었어. 전에 독일에서 전쟁 영웅을 추앙했던 것과 별다르지 않아 보였어. 그리고 쿠바에서 계속해서 발견되는 프로파간다 문구는 나를 약간 으스스하게 만들었어. "조국이 아니면 죽음을 달라." 1차대전 즈음 독일에서 많이

쿠바에서는 체 게바라를 영웅으로 추앙하지.

들었던 말과 비슷해서 약간 거부감이 일어.

　유럽의 전쟁 영웅이건, 라틴아메리카의 혁명 영웅이건 간에, 난 이제 이런 영웅 정신에 별로 공감이 가지 않아. 오히려 작가 쿠르트 투콜스키가 1차대전이 끝난 직후 남긴 글에 더 마음이 끌려. 투콜스키는 1925년에 프랑스 마을에 있는 기념비들을 보고 분개하는 글을 발표했어. 그의 생각은 이랬지.

다리를 잃은 걸 기념합니다

우리에겐 다른 기념비들이 없다.

우리에겐 이런 기념비가 없다.

여기 동료 인간을 쏘아 죽이기를 거부했던

한 남자가 살았노라.

그에게 경의를!

정말로 이런 말이 새겨진 기념비가 건립되기까지는 오랜 세월이 걸렸어. 그러나 지금은 여러 도시에 탈영병과 명령 불복종자들을 기리는 추모비가 건립되었지. 쾰른, 브레멘, 포츠담, 울름, 하노버, 괴팅엔 등에 있지.

쿠르트 투콜스키의 말마따나 군인으로서 '동료 인간에게 총 쏘기를' 거부하는 것은 쉬운 결정이 아니었어. 다른 모든 전쟁에서처럼 1차대전 중에도 전투에 함께하지 않는 자는 단순히 배신자로 여겨졌다고 해. 동료들을 돕지 않는 자로 말이야. 그리하여 군인으로서 명령을 거부하거나 군대에서 이탈하는 행위는 커다란 위험을 감수하는 행동이었지. 탈영병은 오늘날에도 징역에 처해져. 예전의 전쟁 때는 탈영하면 심지어 사형 판결을 받았지. 1차대전에 얼마나 많은 군인이 명령을 거부하거나 탈영했는지, 그로 인해 얼마나 많은 사람이 처벌을 받았는지에 대해서는 확실한 통계가 나와 있지 않아.

하지만 대략적인 추정에 따르면 영국에서는 약 3만 명의 군인이 군법회의에 회부되어 약 300명 정도가 처형당했다고 해. 독일군의 경우는 약 13만 명이 군법회의에 회부되었다고 전해지는데, 이중 얼마나 많은 수가 사형판결을 받았는지는 알려져 있지 않아. 언뜻 보면 독일에서 군법회의에 회부되어 재판을 받은 군인 수는 아주 많은 것처럼 느껴져. 하지만 총 1300

무명 탈영병을 위한 기념비.

만 명 정도가 동원되었음을 생각하면 그중 1퍼센트만이 전쟁에 참여하지 않으려고 했던 것이지.

　명령을 거부하거나 탈영한 군인들뿐 아니라, 다른 방법으로 전투를 피하려 했던 군인들도 처벌을 받았어. 장교가 결정을 내리지도 않았는데 자신이 알아서 적에게 항복하려고 한 이들도 군법회의에 회부되었지. '스스로 신체를 훼손하는 행위'도 처벌의 대상이었어. 즉 자기 자신의 다리나 손에 총을 쏘아 전투에 참여할 수 없도록 만드는 자도 군법회의로 넘겨진 거야.

다리를 잃은 걸 기념합니다

1차대전이 막바지에 이를 즈음 전쟁에 대한 회의는 어느 순간 아주 커져서 공식적인 정전 직전에는 대부분의 부대에서 탈영병이 속출했어. 독일군뿐 아니라, 오스트리아와 이탈리아군에서도 1918년부터 수백, 수천 명씩 탈주자들이 생겨났지. 많은 지역의 병력은 그냥 해체되어 버렸어. 하지만 그 뒤 전쟁이 곧 끝났기에, 군인들이 의무를 다하지 않았다는 것에 누구도 큰 관심을 갖지 않았지.

열일곱에 입대하여 열아홉에 처형되다

1차대전 중 탈영으로 인해 총살당한 최초의 영국 군인은 토마스 하이게이트라는 사람이야. 《새벽에 쏴라》라는 책에 그의 이야기가 기록되어 있지. 토마스는 1913년 만 열일곱 살의 나이로 입대했어. 그리고 동프랑스에서 전투가 시작된 지 2주 만에 탈영했지. 부대를 떠난 이유에 대해 그는 단순히 "나가고 싶었다."라고 대답했어. 토마스 하이게이트는 1914년 9월 6일 군법회의에 회부되었고, 이틀 후 총살당했지. 당시 그는 열아홉 살이었어.

✝
토마스 하이게이트는 탈영했다는 이유로 총살당했어.

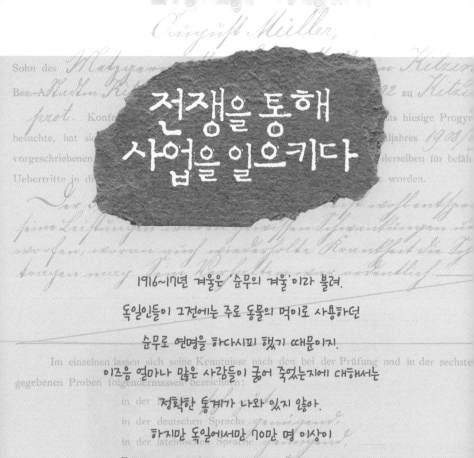

전쟁을 통해 사업을 일으키다

1916~17년 겨울은 '순무의 겨울'이라 불려.

독일인들이 그전에는 주로 동물의 먹이로 사용하던

순무로 연명을 하다시피 했기 때문이지.

이즈음 얼마나 많은 사람들이 굶어 죽었는지에 대해서는

정확한 통계가 나와 있지 않아.

하지만 독일에서만 70만 명 이상이

굶주림과 영양실조로 사망했다고 추정하고 있어.

독일에서 가장 큰 부자로 알려진 주자네 클라텐은 내 또래야. 주자네 클라텐과 나는 약간의 공통점이 있어. 그녀의 할아버지 역시—우리 할아버지처럼—전쟁이 나머지 인생에 중요한 영향을 끼쳤다는 것이지. 그녀의 할아버지는 전쟁 동안 주자네 클라텐을 오늘날 억만장자로 만든 사업의 기초를 닦았어. 그녀의 할아버지는 바로 오늘날 자동차 회사 BMW를 핵심으로 여러 계열사를 거느리고 있는 기업 제국의 설립자 귄터 크반트거든. 주자네 클라텐은 BMW 주식의 상당 부분을 가지고 있기에 가장 부유한 독일인이 된 거고. 그녀의 재산은 현재 약 90억 유로(약 12조 4000억 원) 정도로 평가되고 있어. 그녀의 어머니와 남동생도 크반트 가(家) 유산의 상당 부분을 상속받았고, 독일에서 상위 몇째 안가는 부자로 손꼽히고 있지.

주자네 클라텐의 할아버지가 1차대전 동안 무기를 만들어서

부를 일군 것은 아니야. 군인들이 타고 다니는 차량의 모터를 만든 것도 아니고. 당시 귄터 크반트는 섬유 공장을 운영했어. 제복 전문 공장이었는데 주로 적십자사에 제복을 납품했지. 그러나 주력 상품은 독일군의 제복이었어. 그 역시 아주 수익 좋은 사업이었지.

모든 전쟁은 두 얼굴을 가지고 있어. 전쟁은 사람들을 가난에 빠뜨리지만, 어떤 사람들은 또 부자로 만들어 주기도 해. 전쟁은 사람들의 삶을 파괴할 뿐 아니라 건물과 도로, 경작지, 공장도 파괴해. 1차대전 중 프랑스에서만 약 60만여 채의 가옥이 완전히 또는 부분적으로 파손되었어. 그 밖에 2만여 군데의 공장과 작업장, 6500여 군데의 학교, 5만 킬로미터 이상의 도로와 길이 파손되었지. 오늘날 폴란드와 벨라루스에 걸쳐 있는 갈리치아, 루마니아와 우크라이나에 걸쳐 있는 부코비나 지역에서는 12만4000여 채의 가옥과 22만여 채의 농가가 폐허가 되었다고 해. 1차대전에서 파손된 가옥을 합치면 수백만 채는 너끈히 될 거야.

그러나 전쟁은 동시에 어떤 사람들에게는 엄청난 돈을 안겨 주기도 해. 가령 전쟁에 필요한 물자를 공급하는 사람들 같은 경우 말이야. 작가 뤼디거 융블루트는 크반트 기업 집안에 대한 책에서 "독일에서 1차대전으로부터 제복 공장 주인 귄터 크반트만큼

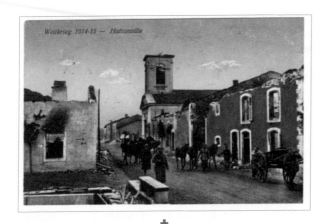

1차대전에 파괴된 프랑스 마을 해튼빌.

BMW 기업의 토대가 놓인 것은 1차대전 때야.

부를 일군 사람은 극소수였다."라고 결론지었지. 이렇게 일군 부를 바탕으로 귄터 크반트의 후계자들은 나중에 자동차 생산 같은 다른 부문에 진출했던 거야. 뮌헨의 BMW 본사에 가 보면, 이런 인상적인 BMW 빌딩의 토대가 1차대전이었다는 것을 확인할 수 있어.

오늘날 존재하는 기업 중 그들이 생산한 물건이 없었다면 1차대전이 가능하지 않았을 정도로 1차대전에서 중요한 역할을 했던 회사들이 몇 군데 있어. 지금의 티센크루프(Thyssen Krupp)도 1차대전에서 특히나 많은 매출을 올렸던 두 기업이 합쳐져서 탄생한 기업이지. 크루프는 1811년에 프리드리히 크루프가, 티센은 1867년 아우구스트 티센이 설립한 회사야. 이 두 기업은 1914년경 독일의 철강, 금속 산업을 주도하고 있었기 때문에 전쟁이 터지자 군수품의 주요 납품업자가 되었어.

 티센은 무엇보다 금속으로 된 포탄피를 제작했고, 수천 킬로미터에 이르는 선로도 제작해서 납품했어. 철도를 이용해 군인과 무기를 대량으로 전선까지 실어 나르는 것이 급선무라서 철도망을 새로 구축해야 했는데, 선로를 제작하는 티센이 이 일에 중요한 역할을 했지. 크루프는 무기 생산의 선두주자였어. '디케 베르타(112쪽 '완전한 파괴' 장 참고)'로 잘 알려진 어마어마한 대구경포 외에 '파리 대포(Paris Gun)'도 제작했지. 파리 대포는 포탄을 130

킬로미터 떨어진 곳까지 날려 보낼 수 있는 대구경포 이름이었어. 그러니까 전선에서 포를 쏘면 파리까지 도달할 수 있었던 거야. 뷔르츠부르크에 그런 대구경포를 설치하면, 프랑크푸르트에 포를 쏠 수 있는 것이지. 비텐베르크에서 베를린에 포탄을 떨어뜨릴 수도 있고, 브레멘에서 함부르크의 집들을 파괴할 수도 있고 말이야.

파리 대포를 보면 독일 엔지니어들이 얼마나 새로운 무기를 고안하고 만들어 내는 데 열심이었던가를 알 수 있어. 포탄을 아주 먼 거리까지 보내려면, 일단 포를 엄청나게 높이 발사해야 하지. 파리 대포의 경우 포탄이 40킬로미터 고도까지 날아갔어. 인

+
'파리 대포'의 사정거리는 130킬로미터에
달했어.

간이 뭔가를 지표면 위로 그렇게 높이까지, 즉 성층권까지 보낼 수 있었던 것은 이때가 처음이었어. 하지만 이것은 어디까지나 연구 목적이 아니라, 파괴 목적이었지. 1918년 3월 29일, 파리 대포가 쏜 포탄 중 하나가 파리의 한 교회에 떨어져, 교회 안에서 부활절 예배 중이던 91명이 사망했어. 사망자 중 엘리자베스 바스팅이라는 소녀도 있었는데, 파리 대포로 인해 사망했을 때 겨우 열여섯 살이었지. 이본느 커닝햄과 마거릿 커닝햄은 각각 열여덟 살, 스무 살이었어. 이름을 보니 자매였던 것 같아.

크루프의 매출액은 무기 생산으로 인해 가파르게 상승했어. 전쟁 중에 무려 다섯 배나 뛰었지. 역사가 해롤드 제임스는 크루프가 독일 정부의 의뢰로 '막대한 이익을 보았다'고 평가했어. 하지만 티센, 크루프 같은 공장들뿐 아니라 상점, 농가 모두 한 가지 문제에 봉착해 있었지. 날이 갈수록 점점 더 많은 남자들이 전쟁에 나가게 되어 일손이 부족해졌던 거야. 게다가 그들 중 많은 수가 돌아오지 못하거나 전쟁 통에 장애를 입었지. 그래서 전에 남자들이 하던 일을 점점 여자들이 하게 되었어. 따라서 전쟁은 여자들이 집에서 살림만 하던 역할에서 벗어나게 했던 거야.

전쟁 포로도 노동력의 공백을 메꾸었어. 모든 참전국이 전쟁 포로를 자신들의 공장과 논밭, 광산에서 일하게 했거든. 점령 지역에서는 민간인들까지 강제 노역에 동원시켰어. 1917년에는 독일의 모든 고용자 중 강제 노동자가 차지하는 비율이 15퍼센트를 넘었지. 러시아에서는 한때 철광산에서 일하는 전체 인력의 60퍼센트가 강제로 동원된 사람들이었다는 통계가 있어.

오늘날 티센크루프 그룹의 기업사(史)에도 강제 노동자 이야기가 언급되어 있어. 하지만 이들의 노동조건이 얼마나 열악했는지를 자세히 언급하지는 않았더라고. 오히려 전쟁이 자신의 기업에 이익보다는 손실을 가져왔다고 강조하고 있어. 무기 공장 건설에 막대한 돈을 투자했는데, 1918년부터는 이 공장에서 거의 이윤을 내지 못했다는 거야. 독일이 1차대전에 패하는 바람에 전쟁 전보다 무기를 훨씬 더 적게 생산했다는 거지. 그러나 오늘날 세계 최대의 철강 업체인 티센크루프가 1차대전 중에 막대한 매출을 올렸던 회사를 모회사로 하고 있다는 것, 그리고 이들 전쟁으로 티센과 크루프의 사세가 기울지 않았다는 것은 명백한 사실이야. 하지만 이들 티센크루프의 배후 재산은 계속 익명으로 남아 있어.

반면, 베르너 딜, 페터 딜, 토마스 딜(Diehl) 형제의 경우는 그 이름과, 무기 생산을 통해 일군 부를 연결시키기가 더 수월해. 딜 형제들은 부유한 독일인 명단의 최상위에 올라가 있지. 그들의 재산은 20억 유로(약 2조8000억) 이상으로 평가되고 있어. 딜 형제는 당시 독일 최대, 아니 세계 최대의 방위산업체를 경영하여 부를 일구었는데, 딜 사가 무기를 생산하기 시작한 것은 1차대전 때였어.

군복 납품업체나 철강금속 관련 업체들은 전쟁을 통해 이윤을
남겼어. 세계적인 종합화학 및 제약 회사인 바이엘(Bayer)은 독일
군에 독가스를 납품했고, 폭약 제조 원료도 생산했어. 오늘날 세
계 최대의 화학회사인 바스프(Basf)도 비슷한 물품들을 생산했지.
1차대전 마지막 해에는 전쟁에 납품하는 물품이 바스프 매출의
78퍼센트를 차지했다는 통계들이 있어. 이 기업들도 기업의 역사
를 돌아보면서, 전쟁이 그들에게 이익보다는 손해가 되었다고 평
가하고 있지만, 분명한 것은 전쟁은 그들을 무너뜨리지 않았다는
거야. 1차대전에서 무기와 군수품을 공급했던 많은 기업들은 2차
대전에서도 납품업체로 선정될 수 있었지.

　　전쟁을 통해 추가 매출을 올리고 이윤을 냈던 회사들이 물론
독일에만 있던 것은 아니야. 오늘날 유럽 최대의 자동차 회사 중
하나인 프랑스의 르노 그룹도 프랑스군과 미군에 수많은 전차를
납품했지. 르노의 전차 FT-17은 전설적이었어. 이 전차는 오늘날
까지 남아 있지. 나는 2012년 가을 프랑스 대통령 프랑수아 올랑
드가 폴란드 대통령 브로니스와프 코모로프스키와 FT-17 전차
앞에서 포즈를 취한 사진을 보았어. 두 나라의 공통의 역사적 유
산을 기억나게 하는 사진이었어. 폴란드는 오래 세월 다른 나라
의 지배를 받다가, 1차대전이 끝난 뒤에야 비로소 다시 독립국가

가 되었는데 신생 폴란드군을
전차로 무장시키는 일을 르노
가 맡아, 세계대전에서 입증
된 FT-17을 납품했지.

옛 르노 탱크 앞에서 포즈를 취한 폴란드와
프랑스의 대통령.

미국도 르노에서 전차를
구입했어. 미국은 참전국 중
특별한 역할을 맡았지. 미국
은 1917년 봄에야 1차대전에
참전했어. 바로 그전에 독일
이 무제한 잠수함전을 재개하
여 경고하지 않고 미국의 배
들까지 격침시키겠다고 선언
했거든. 1915년에 이미 1200
명 이상의 승객을 실은 루시
타니아호를 격침시켰던 것처럼 말이야(102쪽 '바다, 수만 명의 무덤'
장 참고). 미국이 이렇게 늦게 참전하게 된 것은 전쟁으로부터 경
제적 이득을 보고 있기 때문이기도 했어. 미국은 독일, 영국, 프랑
스가 서로 전쟁을 하고 상호 봉쇄를 하느라 생겨난 세계 무역의
틈새를 메꾸어 주고 있었거든.

미국의 경제는 이렇듯 상품 수출을 통해 전쟁 동안 몇 배 성
장할 수 있었어. 미국의 경제성장은 다우 존스 주가지수에서 잘

드러나는데, 1차대전 첫해인 1914년 말에 주가지수가 54.58포인
트였는데, 전쟁이 끝난 뒤인 1919년 말에는 거의 두 배로 뛰어서
107.23포인트가 되었지.

전쟁은 어떤 사람들에게는 이렇듯 부를 가져다주었지만, 대
다수의 사람들, 수백 수천만 명에게는 커다란 경제적 고통을 안
겨 주었어. 이런 고통은 아주 다양한 이유에서 비롯되었지. 독일
사람들은 무엇보다 전쟁 채권을 구입하느라 많은 재산을 잃었어.
전쟁에서 사용되는 무기들은 민간회사에서 제작되는 것들이라,
국가는 값을 치르고 무기를 구매해야 했지. 그러기 위해 국가는
돈이 필요했는데 이 돈을 두 가지 방식으로 마련했어. 하나는 그
냥 돈을 찍어 내는 것이고, 다른 하나는 전쟁 채권을 발행해서 시
민들에게 빌리는 것이었어. 우리 증조할머니는 원래 유복한 집안
출신이었는데, 증조할아버지는 1914년 이후 가족의 전 재산을 전
쟁 채권에 묻어 두는 게 좋겠다고 생각했지. 전쟁에 나가지 않는
사람들은 이런 식으로 조국의 전쟁을 도울 수 있다고 여겼거든.
전쟁에 참여한 모든 나라가 프로파간다를 통해 국민들에게 그런
생각을 불어넣었던 거야.

　게다가 국가는 전쟁 채권을 사면 짭짤한 이윤을 챙길 수 있
을 거라고 말했거든. 전쟁 채권의 이자는 보통 5퍼센트였어. 그러
니까 만약 전쟁을 위해 2만 마르크를 출연했다면, 1년에 1000마

독일 정부는 프로파간다를 통해 전쟁 기금을 모았어.

르크씩 이자를 챙길 수 있는 것이었지. 하지만 채권을 사는 형식으로 국가에게 돈을 맡긴 독일 사람들에게는 그런 계산이 통하지 않았어. 사람들은 아무것도 돌려받지 못했지. 증조할머니가 유복한 집안의 딸로서 물려받은 재산은 1918년에 모두 날아가 버렸던 거야. 다른 많은 시민들도 전쟁 자금을 대기 위해 금반지나 금목걸이 같은 귀중품을 내놓고서는 반대급부로 쇠로 된 반지를 받았어. 바깥쪽에는 "조국의 감사"라고 적혀 있었고 안쪽에는 "나는 철을 위해 금을 주었다."라고 새겨져 있었지. 우리 어머니의 학교 친구 중에도 싸구려 금속으로 만든 그 반지를 끼고 다니는 남학생이 있었대. 그 아이는 아버지로부터 그 반지를 물려받았는데 그 반지가 약간 우습다고 생각했다나.

전쟁은 또 다른 방식으로도 사람들의 재산을 앗아갔어. 1914년부터 독일에서는 화폐가치가 유례없이 하락하기 시작했지. 계획적으로 시장경제의 기본 규칙을 어겼기 때문이야. 이 규칙에 따르면 발권은행이 찍어 내는 돈은 그 나라 국민들이 노동으로 창출하는 가치와 맞먹는 것이라야 했어(가치에 상응하는 것이어야 했어.). 그런데 발권은행이 이런 규칙을 무시하고 더 많은 돈을 찍어 내면, 돈과 '실제 가치'의 관계는 균형을 잃어버리게 되지. 그러면 화폐는 구매력을 잃게 되고, 물가가 상승하게 되는 거야. 이런 일이 전쟁 중에 일어났어. 가령 1915년에 우유 가격은 바로 전해보다 약 세 배가 뛰었지.

전쟁을 오래 끌수록, 식료품도 동이 나서 구입하기가 어려워졌어. 생산은 점점 더 전쟁 중심으로 돌아갔거든. 일반 경제는 제대로 작동하지 않았어. 농가에는 남자들이 다 징집되어 나가는 바람에 일손이 부족했고, 무엇보다도 국내적으로는 화학비료가 모자랐어. 화학비료의 원료가 독일에 반입되는 걸 영국 함대가 봉쇄했기 때문이지. 농사를 도와줄 말도 부족했어. 말들이 기병대로, 그리고 짐을 싣는 용도로 전쟁에 투입되었거든. 특히 1916년부터 독일 사람들은 무작정 굶어야 할 때가 많았어.

✛
1916년의 겨울, 식료품 가게 앞에서 줄을 서 있던 한 여인이 쓰러지는 모습.

1916~1917년 겨울은 '순무의 겨울'이라 불려. 독일인들이 그전에는 주로 동물의 먹이로 사용하던 순무로 연명을 하다시피 했기 때문이지. 이즈음 얼마나 많은 사람들이 굶어 죽었는지에 대해서는 정확한 통계가 나와 있지 않아. 하지만 독일에서만 70만 명 이상이 굶주림과 영양실조로 사망했다고 추정하고 있어. 많은 사람들은 질병으로 숨졌는데, 이런 질병 역시 배고픔으로 몸이 약해진 상태가 아니었다면 능히 넘길 수 있을 만한 것들이었지. 루마니아에서는 30만 명이 굶주림으로 사망했다고 해.

경제적인 곤궁은 전쟁이 끝난 뒤에도 계속되었어. 독일의 물가는 유례없는 속도로 상승 곡선을 그렸지. 단기간에 물가가 급등하는, 이른바 하이퍼인플레이션 상황이 초래되었어. 독일은 전쟁 중에도 이미 지폐를 과도하게 찍어 냈었는데, 전쟁이 끝난 뒤에 그게 더 심해졌어. 패전국 독일은 끝없이 많은 돈이 필요했거든. 전쟁 중에 무기 값과 군인들의 급료를 지불하느라 빚을 많이 진 데다, 승전국들은 어마어마한 피해보상금을 요구했거든.

그리하여 전쟁이 끝난 뒤 몇 년 동안 물가상승은 걷잡을 수 없이 계속되었어. 뮌헨 도시 연감에 따르면 1923년 2월 1일, 400마르크였던 빵 500그램의 가격이, 같은 해 10월 11일에는 무려 10만 배나 뛰어 4000만 마르크가 되었어! 하루에 벌어들인 돈(하루의 일당은)은 다음 날이 되면, 가치 없는 종잇조각으로 전락했지.
돈을 저축해 놓았던 경우 하루아침에 전 재산이 공중분해되어 버
렸어. 1923년 11월 3일 뮌헨의 제빵업협회는 빵 가격을 다시 한
번 10월 중순의 20배로 올렸어. 이제 빵 1파운드가 90억 마르크
가 되었지.

뮌헨 도시 연감에는
1923년 11월 3일의 빵
가격이 기재되어 있고,
11월 8일과 9일에 '히틀
러의 쿠데타'가 일어났
다고 기록되어 있어. 아
돌프 히틀러는 이렇듯

✛

1923년에 나온 1000억 마르크 화폐야.
화폐가치는 걷잡을 수 없는 속도로 폭락했어.

독일인들이 경제적 곤궁에 빠져 허덕대고 절망한 틈을 이용해서
권력을 쟁취하고자 했어. 진짜 권력을 잡기까지는 그로부터 10년
이 더 걸렸지. 하지만 1차대전으로 독일을 휩쓴 경제적 불행이 다
른 불행들을 낳을 것이라는 조짐은 전쟁 직후부터 이미 뚜렷했던
거야.

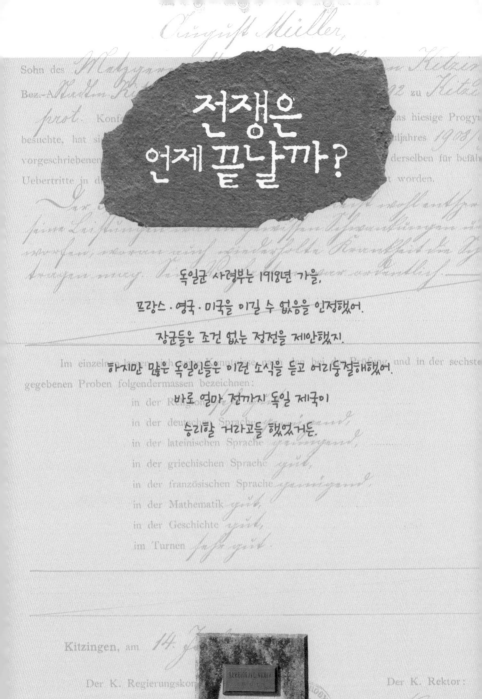

전쟁은 언제 끝날까?

독일군 사령부는 1918년 가을,

프랑스·영국·미국을 이길 수 없음을 인정했어.

장군들은 조건 없는 정전을 제안했지.

하지만 많은 독일인들은 이런 소식을 듣고 어리둥절해했어.

바로 얼마 전까지 독일 제국이

승리할 거라고들 했었거든.

텔레비전을 통해 거의 라이브로 전쟁 발발을 지켜본 적이 있었어. 바로 '이라크전'이라 불리는 전쟁으로 2003년 3월 20일에 시작되었지. 이날 미국은 이라크의 수도 바그다드에 대한 공격을 개시했어. 따라서 이라크전이 시작된 날짜를 정확히 말할 수 있는 것이지. 1차대전도 시작된 날을 구체적으로 말할 수 있어. 1914년 8월 3일 독일이 프랑스에 선전포고를 하고 벨기에로 진격해 들어갔거든(일반적으로는 오스트리아가 세르비아에 선전포고를 한 7월 28일을 1차대전 발발일로 여기고 있다.—옮긴이). 영국과 독일 간의 공식적인 전쟁은 그해 8월 4일부터 시작되었지.

2003년 이라크전이 시작된 지 몇 주가 지난 5월 1일, 당시 미국 대통령이었던 조지 부시 주니어는 'Mission Accomplished', 즉 '임무 완료'를 선언했어. 이라크의 독재자 사담 후세인 정권이 무너졌기 때문이었지. 이로써 전쟁은 종식되었을까? 인터넷에서 이탈리아의 진쟁 기념비에 대한 정보를 찾아보다가 나는 특이한 기념물에 대해 알게 되었어. 시칠리아의 도시 멘피의 중앙 광장의 기념주(특정한 사건이나 인물을 잊지 않기 위해 만든 기둥 모양의 구조물―옮긴이)에 1915년에서 1918년에 사망한 108명의 이탈리아인들의 이름뿐 아니라, 2003년 11월 13일에 이라크에서 사망한 17명의 이탈리아 군인들의 이름도 새겨져 있다는 거야. 그러니까 이들 17명의 군인은 부시가 종전을 선언한 지 6개월도 더 지난 시점에 사망한 것이지. 그들은 이라크 나시리야 이탈리아군 헌병 사령부 폭탄 테러로 목숨을 잃은 사람들이야. 이탈리아군은 이라크에서 미국의 공격을 돕고 있었거든. 그리하여 이라크 남쪽 나시리야에 이탈리아 군인, 경찰, 민간 고용인이 주둔하고 있다가 목숨을 잃은 것이지. 북이탈리아의 도시 볼차노는 이 공격의 희생자들을 위한 별도의 광장을 헌정했어. 이 광장에 게시된 사망자 명단에는 이들을 '테러 희생자'가 아니라 '전사자'로 부르고 있어. 전사자라는 건 전쟁에서 사망했다는 뜻이야. 그러니까 2003년 11월에도 이라크에서는 여전히 전쟁이 계속되고 있었다는 거지.

나시리야에서 사망한 이탈리아인들은 1차대전과 무슨 관련이 있을까? 그들의 죽음은 전쟁이 끝났다고 말하는 것이 얼마나 어려운지를 보여 줘. 이라크전에서는 조지 부시 미국 대통령이

나시리야의 전사자 기념판.

2003년 '임무 완료'를 선언했을 뿐 아니라, 그의 뒤를 이어 대통령이 된 버락 오바마도 "전투 임무(combat mission)는 공식적으로 끝났다."라고 선언했어. 그때가 2010년 9월이었지. 하지만 미국이 2011년 12월 15일에야 이라크전을 공식적으로 끝냈다는 보고들도 있어.

전쟁은 언제 끝나게 되는 걸까? 2차대전의 경우는 상대적으로 말하기가 쉬워. 1945년 5월 8일 독일이 패배를 인정했을 때 전쟁은 모두 끝이 났지. 독재자 히틀러는 그보다 일주일 전쯤에 스스로 목숨을 끊었고. 미국 또는 영국의 점령군은 1945년 5월 8일 이후에는 이라크 나시리야의 이탈리아인들처럼 폭탄 테러 같은 것을 당하지 않을까 하는 걱정을 별로 하지 않았어. 독일인들은 1945년에 전쟁이 끝났다는 것을 알았어. 자신들의 패배를 명백하게 직시했지. 베를린, 함부르크, 드레스덴, 쾰른, 뉘른베르크, 슈투트가르트, 뮌헨 같은 주요 도시가 상당 부분 파괴되었고, 폭탄이 떨어지지 않은 도시를 찾기가 힘들 정도였어. 소련, 미국, 영국의 군인들이 독일 깊숙이 진격해 들어왔거든.

하지만 1차대전의 경우는 전쟁이 언제 끝났는지를 말하기가 훨씬 어려워. 독일군 사령부는 1918년 가을, 프랑스·영국·미국을 이길 수 없음을 인정했어. 장군들은 조건 없는 정전을 제안했지. 하지만 많은 독일인들은 이런 소식을 듣고 어리둥절해했어. 바로 얼마 전까지 독일 제국이 승리할 거라고들 했었거든. 또한 1918년 11월 11일 독일이 전쟁을 포기했을 당시, 독일 땅에 외국 군대가 전혀 들어와 있지 않았기에, 패배를 받아들이기가 더욱 힘들었어. 프랑스군은 베를린을 접수하겠다는 목표에 도달하지 못했고, 쾰른과 뒤셀도르프에 폭탄이 떨어져 작은 피해를 입은 것을 제외하면 대부분의 독일 도시는 멀쩡한 상태였거든. 그러니 독일 사람들이 "우린 전쟁에서 졌다. 전쟁은 끝났다."라는 소식에 어떻게 반응했겠어? 더구나 바로 얼마 전엔 독일군이 동부전선에서 러시아를 상대로 중요한 전투를 벌여 승리하기도 했는데 갑자기 패배라니……. 독일인들은 이런 소식에 혼란스러워했어. 러시아 정부가 1918년 봄 독일과 평화조약에 조인한 것도 독일의 승리로 여겨졌거든.

이런 승리는 1917년 러시아에서 전개된 전혀 다른 종류의 투쟁과 관련이 있었어. 100년은 아니어도, 몇십 년의 역사는 너끈히 바꾸어 놓은 투쟁이었지. 지금도 세계의 많은 지역에 이때의 투쟁과 변화의 흔적이 남아 있어.

세계를 변화시킨 혁명

2이0년부터 여러 중동 국가에서 일어난 상황과는 달리,

단순히 국가의 우두머리들을 교체하는 것으로 만족하지 않았어.

볼셰비키들은 사회를 근본적으로 변혁시키고자 했지.

자유재산을 몰수해서 다시 분배하고자 했어.

100년 전의 세상을 이해하는 것은 쉬운 일이 아니야. 당시 세계를 바꾸겠다는 혁명이 일어났지. 그리고 그 혁명은 독일에도 많은 영향을 미쳤어. 그 영향은 오늘날까지 남아 있지. 1917년 러시아에서 시작된 일을 이해하려면, 오늘날과는 좀 다른 시각으로 그 일을 보아야 해.

오늘날 유럽인이나 미국인에게, 정치·경제 할 것 없이 자기 나라의 모든 시스템이 하루아침에 완전히 뒤집어지면 좋겠느냐고 묻는다면, 거의 모두가 고개를 설레설레 흔들 거야! 문제가 있다 해도 대체로 기존의 상태에서 조금씩 수정해 나가는 걸 원하겠지. 대부분의 세계 사람들이 거의 마찬가지일 거야. 모든 것을 한꺼번에 뒤집어 버린다고? 독일에서는 급진좌파라도 결코 그것을 원하지 않을 거야. 프랑스나 스페인의 공산주의자들도 좋아하지 않을걸.

볼셰비키(원래는 '다수파'라는 뜻. 러시아 혁명 과정에서 레닌을 지지했던 급진파를 가리키는 말—옮긴이), 즉 1917년의 러시아 공산주의자들은 달랐어. 볼셰비키 운동의 폭발력은 오늘날에는 거의 상상할 수 없는 것이었지. 볼셰비키 혁명가들은 러시아 권력자들의 힘을 앗아 버렸을 뿐 아니라, 그들을 아예 처단해 버리고자 했어. 권력자들을 총살시키려고 했지. 2010년부터 여러 중동 국가에서 일어난 상황과는 달리, 단순히 국가의 우두머리들을 교체하는 것으로 만족하지 않았어. 볼셰비키들은 사회를 근본적으로 변혁시키고자 했지. 사유재산을 몰수해서 다시 분배하고자 했어. 그들은 인간이 '계급'으로 나뉘어 있다고 보고, 공장을 소유한 자들은 노동자나 농부와는 다른 계급이라고 보았어. 그리고 이런 계급 차이를 철폐하고 노동자 계급을 해방시키고자 했지. 뿐만 아니라 기독교를 박해하고 종교도 말살시켜 버리고자 했어. 새로운 사람들과 함께 새로운 세계를 세우고자 했지. 볼셰비키는 러시아뿐 아니라 세계 모든 나라에서 이런 혁명이 임박해 있다고 확신했지. 19세기 중반 독일의 칼 마르크스가 예언했던 것처럼 세계적인 혁명이 필요하다고 보았어.

오늘날에야 황당하게 들리지만, 볼셰비키의 지도자인 블라디미르 울야노프('레닌'이라는 이름으로 더 잘 알려져 있어.)는 세계 질서를 완전히 재편할 때가 다가왔다고 확신했어. 많은 사람들이 레닌을 지지했지. 레닌은 왕, 황제, 차르가 다스리는 정치체제가

레닌은 러시아의 볼셰비키 혁명을 주도했어.

세계대전을 통해 세계를 재앙으로 몰아넣었다고 확신했고, 자본주의 경제체제가 계급사회와 더불어 거기에 기여했다고 보았어. 유럽 사람들의 눈에 보이는 것은 곳곳이 정말로 상상을 초월한 재앙이었어. 러시아의 볼셰비키와 그들과 뜻을 같이하는 독일, 영국, 프랑스의 많은 사람들은 공산주의 혁명을 통해 이런 재앙에서 벗어날 수 있다고 확신했지. 그리고 1917년, 레닌은 적절한 때가 왔다고 보았어.

1917년은 세계적으로 변혁이 많은 해였어. 차르 니콜라이 2세를 중심으로 한 러시아 권력자들은 러시아가 오스트리아-헝가리 제국과 독일, 특히 독일의 공격에 장기적으로 버틸 수 없는 상태라고 판단했어. 그래서 1917년 3월 15일, 니콜라이 2세는 황제 자리에서 물러났고, 거대한 제국은 혼란에 빠졌지. 러시아 국민들과 군인 상당수가 굶주림에 시달리는 상황이었어. 볼셰비키 혁명은 이런 상황을 통해 추진력을 얻었던 것이지.

레닌은 전쟁 중에 스위스에 머물며 전쟁의 추이를 지켜보고 있었어. 차르 체제하의 러시아 제국 경찰을 피해 스위스로 망명해 있었거든. 하지만 레닌은 러시아의 차르 정부만 무너뜨리고자 한 것이 아니라 독일의 황제도 퇴위시키고자 했어. 그럼에도 레닌은 독일이 그의 러시아 귀환을 도와주겠다고 제안했을 때 그 제안을 감사하게 받아들였지. 그리하여 변호사 출신의 레닌은 1917년 4월, 독일이 마련한 특별 기차 편으로 스위스를 출발하여 독일을 거쳐 러시아로 들어가게 되었던 거야. 혁명가 레닌은 귀환하는 도중 자신이 탄 기차를 떠나서는 안 되었고, 이를 확실히 하기 위해 독일은 열차를 봉인했지.

독일 정부 관료들과 레닌은 정치적으로 볼 때 원수지간이나 마찬가지였어. 하지만 그들은 자신들의 이익을 위해 서로를 이용하고자 했지. 독일은 혁명가 레닌이 러시아가 전쟁을 포기하도록 손써 줄 것을 기대했어. 결국 볼셰비키는 러시아인들에게 '빵과 평화'를 약속했으니까 말이야. 그리고 레닌은 어서 러시아로 돌아가 혁명을 성공시킨 뒤 공산주의 사상을 전 세계로 전파하고자 했어. 평등과 평화에 대한 레닌의 비전은 자못 종교적인 색깔을 띠었고, 레닌은 오랜 세월 여러 공산주의 국가에서 성자처럼 추앙받았지. 1989년 이후 대부분의 공산주의 국가는 한계에 부딪혔지만 말이야.

레닌이 러시아로 돌아간 후 처음에는 독일의 계산이 맞아떨어지는 듯싶었어. 1917년 가을, 레닌은 혁명에 승리하여 볼셰비키 정권을 수립했지. 그들은 곧장 독일과 오스트리아-헝가리에 정전을 제안했어. 그러나 협상은 자꾸만 연기되었어. 그도 그럴 것이 볼셰비키가 원하는 것은 독일과 오스트리아-헝가리 제국마저도 무너지는 것이었거든. 하지만 동맹국은 다시 한 번 러시아군에 대항하여 진격할 수 있을 정도로 힘이 있었지. 그래서 결국

레닌은 사회주의 국가에서 수십 년간 성자처럼 여겨졌어.

볼셰비키 혁명정부는 1918년 3월 3일, 당시 벨라루스와 폴란드의 국경 지대에 있는 도시 브레스트–리토프스크에서 독일과 평화조약을 체결했어.

이 조약으로 인해 러시아는 영토와 물자의 많은 손실을 감수했어. 그리하여 공산주의 국가가 된 새로운 러시아는 이전 차르 체제하의 러시아 제국 때보다 영토가 4분의 1이나 줄고, 중요한 산업 부문은 4분의 3이나 잃게 되었지. 동시에 독일은 동쪽에서 영향력을 확장할 수 있었어. 최소한 처음에는 그렇게 보였지. 이전에 완전히 혹은 부분적으로 러시아에 속했던 폴란드, 에스토니아, 라트비아, 리투아니아, 우크라이나 같은 나라들이 독일 제국이 바라던 대로 독일의 영향하에 들게 될 것처럼 보였거든. 그러나 독일과 러시아 사이의 브레스트-리토프스크 평화조약은 동유럽의 전쟁을 결코 끝내지 못했어. 볼셰비키 정권이 수립된 러시아는 몇 년에 걸쳐 수많은 전선에서 폴란드, 핀란드처럼 새로 생겨난 이웃 국가들과의 전쟁에 휘말렸지. 브레스트-리토프스크에서 조인된 것은 평화가 아니었어. 조약에 서명할 때 스스로를 승자로 여겼던 독일 역시 착각을 했던 것이지.

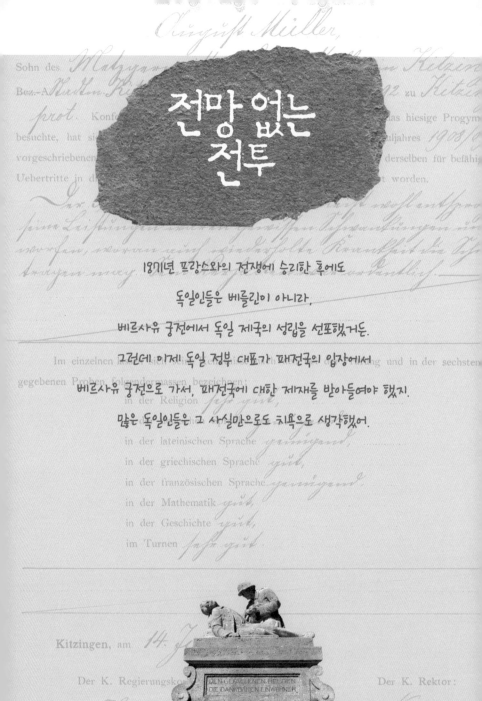

전망 없는 전투

1871년 프랑스와의 전쟁에 승리한 후에도

독일인들은 베를린이 아니라,

베르사유 궁전에서 독일 제국의 성립을 선포했거든.

그런데 이제 독일 정부 대표가 패전국의 입장에서

베르사유 궁전으로 가서, 패전국에 대한 제재를 받아들여야 했지.

많은 독일인들은 그 사실만으로도 치욕으로 생각했어.

우리 할아버지가 1917년 가을과 1918년 봄, 신문에서 어떤 내용들을 읽었겠어? 우선은 독일이 동부전선에서 러시아에 승리했다는 내용이 보도되었어. 할아버지와 할머니는 그에 대해 아주 기뻐했을 거야. 독일군이 다른 전선에서도 승리해 주기를 바랐겠지. 러시아에 승리했으니 이제 서부전선에 집중할 수 있으리라고 생각했을 거야.

독일군 지도부는 1918년 3월부터 군대를 추가 투입하고 다시 한번 모든 힘을 결집하여 프랑스에서 전선을 돌파하고자 시도했어. 1917년 4월부터는 미국도 연합국 쪽에 힘을 보태고 있었지. 1917년 2월 독일은 경우에 따라 중립국의 배도 잠수함으로 격침시키겠다고 선언했거든. 따라서 미국 측의 배도 격침시키겠다고 엄포를 놓은 거야. 미국은 이에 대한 반응으로 독일에 선전포고를 했던 것이지(102쪽 '바다, 수만 명의 무덤' 장 참고). 그렇게 세 강

대국인 영국, 프랑스, 미국이 힘을 합치니 얼마나 어마어마한 잠
재력이 생겨났겠어. 그런 힘으로 그들은 독일의 공격을 방어했고,
그들 편에서 또 공격을 해왔어. 이들은 러시아와는 질적으로 다
른 상대였지.

1918년 봄 독일군은 다시 한번 50킬로미터를 진격했어. 양측의
많은 군인들이 죽었고, 많은 땅이 포탄으로 파이고 황폐화되었

지. 하지만 이런 공세에도 불구하고 독일이 전쟁에 이길 수 없다는 사실은 분명했어. 다만 독일 황제가 이 전쟁이 패한 전쟁이라는 것을 인정하기까지 또 6개월이 소요되었던 것이지. 1918년 봄에 시도한 공격이 실패로 돌아가자 독일군 내 불만은 점점 더 확산되었어. 민간인들 사이에서도 불만이 고조되었지. 굶주림과 가난에 가히 신물이 나고 있었으니까.

그러고 나서 11월이 되자 일이 속속 진행되었어. 1918년 11

1918년 봄 독일의 공세는 수포로 돌아갔어.

월 3일 오스트리아-헝가리 제국은 이탈리아에 승리할 수 없다는 것을 인정하고 정전협정을 체결했어. 동시에 독일 해군의 수병들은 영국과의 해전에 나가라는 명령을 거부했지. 빌헬름스하펜과 킬에서는 배 위의 수병들이 붉은 깃발, 즉 공산주의 깃발을 게양하고 혁명적인 전복을 요구했어.

빌헬름 2세 황제는 이 시기 벨기에에 있었는데, 그곳으로부터 직접 네덜란드로 피신해서 독일 황제직과 프로이센의 왕위에서 퇴위하겠다고 알렸지. 그리하여 11월 9일 이래 독일은 더 이상 제국이 아니라 공화국이 되었어. 독일 제국에 속한 바이에른, 작센을 비롯한 기타 왕국과 제후국에서도 지배자들이 퇴위를 했지(196쪽 '독일 혁명의 짧은 겨울' 장 참고).

우리 집에 오래된 증서 하나가 있는데, 1918년 7월 바이에른 왕이 우리 할아버지가 목사시험에 합격한 걸 증명했던 서류야. 오늘날 보면 꽤나 우스워 보이지. 우리 할아버지에게는 중요한 문서였을 텐데 말이야. 그 증서는 또한 사회의 명확한 질서를 보여주고 있어. 공식적인 일은 '왕 폐하의 이름으로' 행해졌다는 걸 말이야. 비텔스바허 왕가는 700년 이상 바이에른을 다스렸고, 많은 백성들은 이를 또한 좋게 생각했어.

이와 관련하여 한 가지 짚고 넘어가자면, 오늘날에는 상상하기 힘들지만, 우리 할아버지가 젊었을 적인 1914년에 독일, 러시

바이에른 왕이 내린 목사시험 합격 증명서.

아, 오스트리아-헝가리 같은 열강들은 군주들의 지배를 받고 있었다는 거야. 이들 군주들은 오늘날 영국이나 스페인의 왕가와는 비교도 안 될 정도로 권력이 강했지. 유럽은 철저히 왕가와 귀족 가문이 모든 일을 결정하는 구조였어. 그런데 불과 4년 만에 호엔촐러른 가나 비텔스바흐 가를 비롯한 독일의 왕가들과 오스트리아의 합스부르크 왕가 모두 싹쓸이되고 말았던 거야.

유사 이래 존재해온 지배구조가 하루아침에 끝나 버린 거지. 이를 바라보는 우리 할머니, 할아버지 같은 사람들의 기분은 어땠을까? 새로운 민주주의 정부가 황제와 제후들을 대신하게 되었지. 그러나 쉽지 않은 출발이었어.

1918년 11월 11일, 독일은 프랑스·영국·미국과의 전쟁에서 패배했음을 시인했어. 새로운 정부는 정전협정에 조인했지. 하지만 최종적인 평화조약이 작성되기까지는 그로부터 6개월이 더 걸렸어. 이 조약은 '베르사유 조약'이라는 이름으로 역사 속에 남아 있지. 1919년 6월 28일, 독일 정부의 대표자들이 파리 베르사유 궁전에서 이 조약에 서명을 했어. 38년 전 독일 제국의 성립을 공포했던 바로 그 장소에서 말이야. 1871년 프랑스와의 전쟁에 승리한 후에도 독일인들은 베를린이 아닌 베르사유 궁전에서 독일 제국의 성립을 선포했거든. 그런데 이제 독일 정부 대표가 패전국의 입장에서 베르사유 궁전으로 가서, 패전국에 대한 제재를 받아들여야 했지. 많은 독일인들은 그 사실만으로도 치욕으로 생각했어.

베르사유 조약에서 승전국들이 내건 조건들에 대해서는 지금까지 많은 역사가들이 좀 가혹하다고 평가했어. 독일은 베르사유 조약으로 1914년 당시까지 가지고 있던 영토의 상당 부분을 잃었어. 면적의 약 7분의 1이 폴란드와 프랑스로 이양되었지. 그렇게 알자스와 로렌 지방도 프랑스로 넘어갔어. 프로이센의 상당 부분은 새로 성립된 폴란드로 넘어갔지. 무엇보다 폴란드가 '폴란드 회랑'이라 불리는 좁고 긴 지역을 획득하여 바다로 나가는 통로를 확보하게 되면서, 동프로이센은 독일의 나머지 땅과 외떨어지게 되었지. 많은 독일인들에게 이런 조치는 불합리한 것으로 보였어. 독일 본토에서 동프로이센 지방으로 갈 때마다 폴란드 땅을 거쳐야 한다고? 정말 말도 안 된다는 생각이 들었지. 아프리카와 아시아의 식민지들도 포기해야 했고 무엇보다 승전국에게 막대한 전쟁 배상금을 지불해야 했어. 배상금은 프랑스와 영국 정부가 보기에 독일이 전쟁에서 일으킨 손해를 배상하는 차원이었지.

이런 조약은 평화를 가져오지 못했어. 독일에서는 많은 사람들이 '베르사유의 수치'를 이야기했지. 독일 국민의 대다수가 승전국들이 독일에 가한 제재를 모욕적이라고 느꼈어. 동시에 소위 '등 뒤의 칼 찌르기 이야기'가 확산되었지. 즉, 독일의 패전은 내부의 배신자들이 등 뒤에서 칼로 독일군을 찔렀기 때문이라고 하는 내용이었어. 배신자들은 사회주의자, 공산주의자, 유대인을 의미했지. 독일군이 프랑스와 영국군에 결코 군사적으로 밀리지 않았다고 느꼈거든. 실제로 2차대전 말과는 달리 1차대전 때는 어떤 적군도 베를린까지 진격해 들어오지 않았어. "그렇다면 독일은 왜 그런 가혹한 평화조약에 조인했단 말인가?" 많은 사람들은

그렇게 물었어.

1918년 이후 민주적으로 선출된 새로운 정부는 또 다른 이유에서 평화로운 독일을 만드는 것이 굉장히 어려웠어. 경제는 깊은 침체에 빠졌고, 전선에서 싸움을 배운 수많은 무장 남성들이 있었지. 많은 남자들은 독일 내부에서 새로운 전투를 벌였어. 나라가 어느 방향으로 가야 할지를 싸움을 통해 확인하고자 했지. 오늘날에는 정말 상상하기 힘든 그런 싸움이었어.

✚
베르사유 궁전 – 1차대전 승전국들의 승리의 상징.

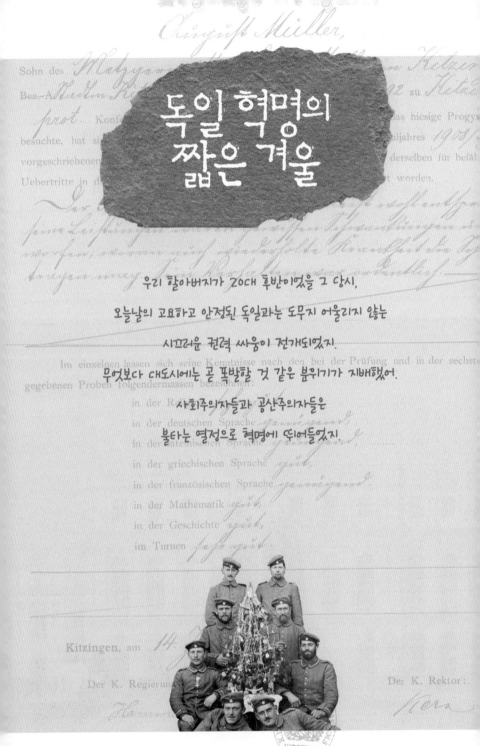

독일 혁명의
짧은 겨울

우리 할아버지가 20대 후반이었을 그 당시,

오늘날의 고요하고 안정된 독일과는 도무지 어울리지 않는

시끄러운 권력 싸움이 전개되었지.

무엇보다 대도시에는 곧 폭발할 것 같은 분위기가 지배했어.

사회주의자들과 공산주의자들은

불타는 열정으로 혁명에 뛰어들었지.

한 학생이 "난 칼 립크네히트 학교에 다녀요."라고 말하면 그 학생이 독일의 어느 지역에 사는지 맞힐 수 있을까? 맞아. 최소한 그 학생이 서독 지역에 살지는 않는다고 단언할 수 있지. "로자 룩셈부르크 학교에 다닌다."라고 말하는 경우도 마찬가지야. 독일에는 칼 립크네히트라는 이름과 로자 룩셈부르크라는 이름의 학교들이 상당히 많아. 하지만 모두 라이프치히, 할레, 노이루핀, 프랑크푸르트 안 데어 오데르, 비텐베르크, 포츠담, 동베를린 등 동독 지역의 학교들이지. 쾰른, 프랑크푸르트 암 마인, 킬 같은 서독 지역에 그런 이름을 가진 학교들이 없는 것에는 다 이유가 있어. 그리고 그 이유는 1차대전과 관련이 있지.

칼 립크네히트와 로자 룩셈부르크는 누구일까? 그들은 사회민주당 정치인들로 다른 정치인들과는 달리 독일이 전쟁하는 것에 찬성하지 않았어. 그래서 소위 '당쟁 중지'에 동의했던 사민당 의

로자 룩셈부르크는
전쟁을 끝내게끔 하기 위해 노력했어.

원들과 마찰을 일으켰지. 사민당의 다수는 전쟁을 지지했어. 하지만 립크네히트와 룩셈부르크는 전쟁을 그만두자고 데모를 하고 행동을 촉구했지. 1차대전 중 둘은 그렇게 하다가 한동안 감옥신세를 지기도 했어. 하지만 두 사람의 이름이 기억되는 것은 무엇보다 전쟁 막바지에 두 사람이 했던 역할과 죽음 때문이야.

1918년 11월 초 독일이 전쟁에서 패한 게 확실해졌을 때, 그것은 또한 군주제가 종식되었음을 의미했어. 바이에른의 왕 루드비히 3세의 퇴위 사실이 가장 먼저 공표되었지. 11월 7일 거대한 데모의 물결이 뮌헨을 휩쓸었어. 오늘날 뮌헨의 테레지엔 광장에는 매년 옥토버 페스트(10월에 열리는 뮌헨의 축제―옮긴이) 때 엄청나게 많은 인파가 몰리지. 맥주를 먹고 축제를 즐기기 위해서 말이야. 나도 종종 그런 인파 틈에 끼곤 해. 그런데 1918년의 그 목요일에는 바로 그 자리에 전혀 다른 목적으로 인파가 몰렸어. 약 10만 명이 운집하여 전쟁을 끝내자고 데모를 했지. 이날 사회주의 정치가 쿠르트 아이스너가 앞에 나서서 바이에른이 '자유 주(州)'가 되었음을 선언했어. 아이스너는 그로써 바이에른이 왕의 지배에서 자유로워졌음을 분명히 했던 것이지.(1차대전 후, 독일 제국의 일원이던 바이에른 왕국의 루트비히 3세가 퇴위한 후, 쿠르트 아이스너가 새 공화국을 선포하고 총리로 취임했다. 그러나 1919년 아이스너는 암살되고, 바이에른은 1919년 성립된 바이마르 공화국의 한 주로 편입되었다. — 옮긴이)

아이스너는 그 밖에도 칼 립크네히트, 로자 룩셈부르크와 마찬가지로 혁명을 통해 독일을 사회주의 국가로 변화시키고자 했어. 더 이상 황제나 왕의 지배를 받지 않는 가운데, 전혀 다른 경

바이에른이 자유 주가 되었음을 선언하는 플래카드.

제 시스템을 구현하고자 했지. 로자 룩셈부르크가 제기한 요구들은 많은 동시대인들에겐 생전 처음 듣는 소리들이었어. "더 이상 한 계급이 노동수단을 독점해서는 안 된다. 노동수단은 모두의 공유재산이 되어야 한다." 즉, 공장은 주주나 기업가들의 것이 아니라, 기계 곁의 노동자들 것이 되어야 한다는 주장이었어. 아이스너, 립크네히트, 룩셈부르크는 러시아 혁명을 본보기로 삼았지(178쪽 '세계를 변화시킨 혁명' 장 참고). 독일 혁명가들은 몇몇 문제에서는 레닌의 볼셰비키와 의견이 달랐지만, 중요한 공통점이 있었으니 그것은 정권을 '노동자 평의회와 군인 평의회'로 이양해야 한다는 것이었어. 국가의 중요한 일은 아래에서부터 결정해야 한다고 보았지. 혁명가들은 독일을 '평의회 공화국'으로 만들고자 했어. 러시아에서는 이런 평의회를 '소비에트'라 불렀지. 그리하여 차르 체제하의 러시아를 뒤이어 탄생한 사회주의 국가는 수십 년간 '소비에트 연방(소련)'이라는 이름을 갖게 된 거야.

하지만 1918년 말 독일 사람들은 러시아에서 일어나는 일들에 별로 관심이 없었어. 독일 내에서도 혁명의 분위기가 팽배했거든. 쿠르트 아이스너가 바이에른은 더 이상 왕이 다스리는 지역이 아니라는 것을 선포한 날, 베를린에서 황제 빌헬름 2세의 퇴위가 공표되었어. 이어 사민당 정치가 필립 샤이데만이 독일이 공화국이 되었음을 선포했지. 필립 샤이데만은 혁명 같은 것은 원하지 않

필립 샤이데만은 독일이 공화국이 되었음을 선포했어.

앉어. 반면 칼 립크네히트는 독일이 '자유로운 사회주의 공화국'
이 되었음을 선포하면서 혁명적인 변혁을 희망했어.

그 뒤 몇 주 내지 몇 달간 있었던 일을 살펴보면 어안이 벙벙해
져. 우리 할아버지가 20대 후반이었을 그 당시, 오늘날의 고요하
고 안정된 독일과는 도무지 어울리지 않는 시끄러운 권력 싸움이
전개되었지. 무엇보다 대도시는 곧 폭발할 것 같은 분위기가 지배

했어. 사회주의자들과 공산주의자들은 불타는 열정으로 혁명에 뛰어들었지. 그들은 다음 몇십 년간 소련과 동독, 또는 중국에서 레닌과 마르크스의 이름으로 무슨 일이 일어날지 알지 못했어.

사회주의자들과 공산주의자들은 의회를 중요하게 생각하지 않았어. 빌헬름 황제 치하에도 의회가 있었고 독일의 각 지역에도 의회가 있었지만, 할 수 있는 게 별로 없었다는 것이 룩셈부르크, 칼 립크네히트, 쿠르트 아이스너 같은 사람들의 생각이었지. 그들은 노동자 평의회와 군인 평의회에 희망을 걸었어. 룩셈부르크와 립크네히트는 독일을 평의회 공화국으로 만들기 위해 1916년 스파르타쿠스단을 설립했어. 스파르타쿠스단이라는 이름은 로마의 노예 스파르타쿠스의 이름에서 따온 것으로, 로마의 스파르타쿠스는 기원전 73년에서 71년에 로마제국의 노예 소유주들에 대항하여 반란을 주도한 사람이지. 1918년 12월 30일 스파르타쿠스단으로부터 독일공산당(KPD)이 발족되었어.

하지만 평의회 공화국을 표방하는 투사들은 격렬한 저항에 부딪혔어. 대부분의 독일인들은 황제, 왕, 제후가 다스리던 체제가 갑자기 끝나 버리는 것을 이해할 수 없었거든. 지배자는 신이 임명한 사람이라고 생각했으니까 말이야. 독일인들과 다른 유럽인들은 평생 그런 소리를 듣고 살았어. 그래서 많은 사람들은 황제와 왕이 결정한 일은 옳고 선하다고 생각했지. 바이에른 왕국, 작센 왕국, 독일 제국을 자랑스러워했어. 그런데 이제 갑자기 모든 것이 달라져야 한다고? 공장이나 커다란 회사를 주인에게서 빼앗아야 한다고? 많은 시민들에겐 그런 생각이 불합리하게 다가왔어. 대부분의 군인들도 사회주의와 공산주의 사상을 거부했지. 그들은 '빨갱이'에 대항하여 싸우고자 했어. 전쟁이 끝난 후 공식적인 군대 내부의 상황은 아주 혼란스러웠기에, 수많은 군인들은 '자유군단'이라는 이름의 의용병을 조직했어. 당시 널리 확산되었

Arbeiter, Bürger!

Das Vaterland ist dem Untergang nahe.
Rettet es!
Es wird nicht bedroht von außen, sondern von innen:

Von der Spartakusgruppe.

Schlagt ihre Führer tot!
Tötet Liebknecht!

Dann werdet ihr Frieden, Arbeit und Brot haben!

Die Frontsoldaten

✚

1차대전이 끝날 무렵의 플래카드.
"노동자여, 시민이여, 조국이 망해 가고 있다. 조국을 구하라! 조국은 외부가 아니라 내부의 위협을 받고 있다. 스파르쿠스단이 조국을 위협하고 있다. 그들의 지도자를 죽여라. 립크네히트를 죽여라 그러면 빵과 평화와 일자리를 얻을 것이다."라고 쓰여 있어.

던 플래카드에는 '빨갱이'들에 대해 "그들의 지도자를 죽여라."라고 선동하는 글이 담겨 있었어.

그러니까 전선에서의 전쟁이 종식된 후 독일의 미래를 놓고 내부에서 서로 다른 의견들이 존재했던 거야. 게다가 무기를 소지하고 있는 남자들이 아주 많았지. 이런 혼란스럽고 위험한 상황은 1918년 11월 정전 이후 새로운 폭력으로 터져 나왔어. 1919년 1월 초순, 평의회 공화국을 신봉하는 사람들은 자신들의 계획을 관철시키고자 베를린의 새 정부에 대해 반란을 일으켰어. 그들은 베를린의 새 정부는 황제만 없을 뿐 독일 제국을 계승하고 있다고 보았지. 빌헬름 2세는 전쟁이 끝나기 직전 바덴의 막스 폰 바덴 공을 연방 수상으로 지명했고, 막스 폰 바덴 공은—제정이 무너진 것이 확실해지자—다시금 사민당 정치가 프리드리히 에베르트에게 실권을 넘겨준 상태였어. 에베르트는 늘 자신은 결코 러시아처럼 급진적인 전복을 원하지 않는다는 점을 분명히 했던 사람이야. 그는 볼셰비키 혁명이 러시아를 믿을 수 없는 혼돈 상태로 몰아갔다고 생각했거든. 에베르트와 사민당의 다수파는 질서를 원했어. 물론 '사민당의 다수파' 역시 독일의 사회적 변화를 원했지만 한 걸음 한 걸음 차츰차츰 이루어져야 한다고 보았지. 에베르트와 많은 사민당원들은 아이스너, 룩셈부르크, 립크네히트 같은 사람들이 추종하는 급진적인 계획을 단호히 거부했어.

그리하여 에베르트와 그와 뜻을 같이하는 사람들은 기를 쓰고 사회주의 혁명의 신봉자들이 권력을 잡지 못하도록 했어. 1919년 1월 초, 이런 알력 다툼은 '스파르타쿠스의 봉기'로 터져 나왔지. 봉기에 이런 이름이 붙은 것은 스파르타쿠스단이 그 봉기에서 주도적인 역할을 했기 때문이야. 이 시점에 독일은 아직 프랑스, 영국, 미국과 공식적으로 평화조약을 체결하지 않은 상태였어. 베르사유 평화조약은 6개월 후에야 승인되었지. 스파르타쿠스의 봉기는 독일 내부에서도 진정한 평화가 아주 멀리 있었다는 것을 보여 주었어.

무장한 혁명가들이 자유군단(의용군), 군대, 경찰과 총격전을 벌인 것은 베를린에서만이 아니었어. 브레멘, 뮌헨 같은 독일의 다른 지역에서도 몇 주간 교전이 벌어졌지. 그러나 프리드리히 에베르트 정부는 의용군의 도움으로 혁명을 진압했어. 이 과정에서 베를린에서만 수백 명의 사망자가 생겨났지. 독일 전체로는 수천 명이 숨졌어. 사망자의 다수는 전투에서 사망한 것이 아니라, 처형되거나 암살당했지.

사회주의자 쿠르트 아이스너 역시 1919년 2월 21일 뮌헨 시내 거리에서 스물두 살 대학생이 쏜 총에 맞아 사망했어. 안톤 그라프 폰 아르코 아우프 팔라이라는 이름의 대학생이었는데 좌파가 바이에른의 운명을 좌지우지하고, 심지어 총리까지 된 것을 참을 수 없어했지. 귀족 출신의 아르코 팔라이는 바이에른 자유 주의 첫 수상을 암살한 벌로 5년을 감옥에서 보냈어. 그 뒤 석방되었고 얼마 후에 사면되었지. 1차대전 직후 독일 법정과 많은 시민들은 정치적 적수를 암살한 사람들을 상대적으로 아주 관대하게 봐주었거든.

쿠르트 아이스너가 살해당한 장소는 오늘날 보도 위에 표시가 되어 있어. 금속판에 아이스너의 윤곽이 새겨져 있지. 나는 예전에 그곳을 자주 지나다녔는데 그 자리를 별로 눈여겨보지 못했어. 그다지 눈에 띄지 않았거든. 아이스너의 기념비도 의식적으로 찾아야지만 발견할 수 있어. 독일의 혁명기를 상기시키는 기념물은 많지 않아.

쿠르트 아이스너에 앞서 로자 룩셈부르크와 칼 립크네히트도 베를린에서 정치적 적수에 의해 암살당했어. 그들은 1919년 1월 15일에 암살당했고, 그 일은 스파르타쿠스의 봉기를 잦아들게 만들었지. 룩셈부르크와 립크네히트는 죽은 뒤에, 사회주의 사상을 신봉하는 많은 사람들의 영웅이 되었어. 사회주의의 순교자가 된 것이지. 하지만 그들이 공식적으로 영웅이자 순교자로 추앙받게 된 것은 1945년 이후였어. 독일이 또 한 번의 세계대전에서 패하고, 승전국 소련이 동독에 사회주의 국가를 수립하고 나서야, 동독인들은 립크네히트와 룩셈부르크를 기리게 되었고, 그들의 이름을 딴 거리, 광장, 학교가 생겨났지.

베를린 중심부에서 벌어진 '스파르쿠스의 봉기' 당시 서로 대치하고 있는 모습.
지금으로부터 100년도 안 된 일이야.

뮌헨 시내. 쿠르트 아이스너가 총을 맞은 자리.

어느 학교가 로자 룩셈부르크 혹은 칼 립크네히트라는 이름으로 불린다면, 그런 이름은 1차대전과 연관이 있어. 이 이름들은 1차대전 후에 독일과 전 유럽을 사회주의적으로 변혁시키고자 했던 사람들을 상기시켜 주지. 로자 룩셈부르크는 자본주의와 시장 경제가 전쟁을 불러온 원인이라고 확신했어. 사회주의 사회가 되어야만 진정한 평화가 오게 될 거라고 믿었지. "그런 사회가 실현되어야만 지구가 더 이상 살육으로 더럽혀지지 않을 것입니다. 그렇게 되어야지만 이 전쟁이 마지막 전쟁이 될 것입니다!"라고 외쳤어.

하지만 사회주의 혁명이 성공한 것은 처음에는 러시아뿐이었어. 볼셰비키 혁명이 성공했던 것은 무엇보다 차르 체제가 전쟁으로 인해 아주 약화되어 있었기 때문이었지. 볼셰비키들은 1차대전이 끝난 뒤 힘을 쟁취했고 그 힘을 계속하여 확대해 나갈 수 있었어. 그리하여 나중에 2차대전에 승리한 뒤 동독에도 사회주의 정권을 이식시킬 수 있었지. 물론 그 정권은 로자 룩셈부르크의 이상과는 별 관계가 없는 독재정권이었지만 말이야. 하지만 소련의 모델에 따른 동독의 사회주의 사회에서는 "로자가 이런 걸 보면 무슨 말을 할까?"와 같은 질문은 제기되지 않았어. 거리와 학교만 로자 룩셈부르크와 칼 립크네히트의 이름을 따서 불렸을 뿐이지.

족히 40년간 유지된 동독의 사회주의는 동부 독일의 많은 부분에 흔적을 남겼어. 마찬가지로 2차대전 이후 소비에트 연방의 영향권에 들었던 체코, 폴란드, 헝가리에도 그런 흔적들이 남아 있지. 볼셰비키와 그 후계자들이 약 70년 동안 지배했던 러시아 사회야 말할 것도 없고. 이 모든 일의 뿌리는 1차대전으로 거슬러 올라가는 것이지.

이런 흔적들은 지금도 계속해서 갈등의 불씨가 되고 있어. 전쟁에 반대하여 투쟁했던 로자 룩셈부르크와 칼 립크네히트 같은 사람들이 오늘날에도 계속해서 본보기가 될까? 무엇보다 과거 동독 지역이었던 동부 독일 지역의 많은 사람들은 이런 질문에 "그렇다."라고 대답할 거야. 매년 1월이면 이 두 정치인의 암살을 추모하는 행진에 많은 사람들이 참여하지. 그중에는 좌파 계열의 정치 지도자들과 연방의원들도 있어.

그런 집회에 참석하는 사람들은 학교 이름을 룩셈부르크나 립크네히트로 부르는 것에 전혀 개의치 않아. 하지만 어떤 사람들은 그런 이름을 그만 쓰고 싶어 하지. 그래서 2012년 브란덴부르크 주 프랑크푸르트 안 데어 오데르에서는 칼 립크네히트 김나지움을 둘러싸고 아주 격렬한 논쟁이 벌어졌어. 이런 이름은 '동독의 잔재'라고 비난하는 목소리가 거셌거든. 그래서 학교는 시 행정부에 학교 이름에서 립크네히트라는 말을 빼달라고 이의신청을 했어. 하지만 시 의회의 논의 결과 바꾸지 말자는 쪽이 다수여

2013년 룩셈부르크와 립크네히트를 위한 추모 행사에 참석한 좌파 정치인
오스카 라퐁텐과 자라 바겐크네히트.

서 이의신청이 기각되었지.

만약 서부 독일 지역에서 그런 논의가 진행되었다면 어떻게
되었을까? 그런 생각을 해보면, 독일의 동부와 서부가 아직은 그
런 문제에서 너무나 다른 분위기라는 걸 느낄 수 있어. 내 아이들
이 다니는 김나지움은 특별한 이름이 없어. 그냥 학교가 위치한
구역 이름을 따서 '퓌르스텐리트 김나지움'이라 부르지. 누군가
로자 룩셈부르크나 칼 립크네히트라는 이름을 학교 이름에 집어
넣자고 제안한다면 무슨 일이 일어날까? 말도 안 되는 생각이라

고 박대를 당하겠지. 그런 제안을 하는 사람을 제정신이냐는 눈
초리로 쳐다볼 거야. 따라서 동부 독일과 서부 독일은 아직 다른
점이 많아. 그중 몇 가지는 1차대전으로부터 비롯되었지. '사회주
의'와 '혁명'을 대하는 태도 같은 것 말이야.

그러나 정치권의 한쪽 극단에는 1918~1919년의 유산을 잇
고자 하는 사람들도 있어. 바로 네오나치(신 나치주의자) 같은 사람
들로, 100년도 넘은 구시대적 사고에서 벗어나지 못하고 있지.

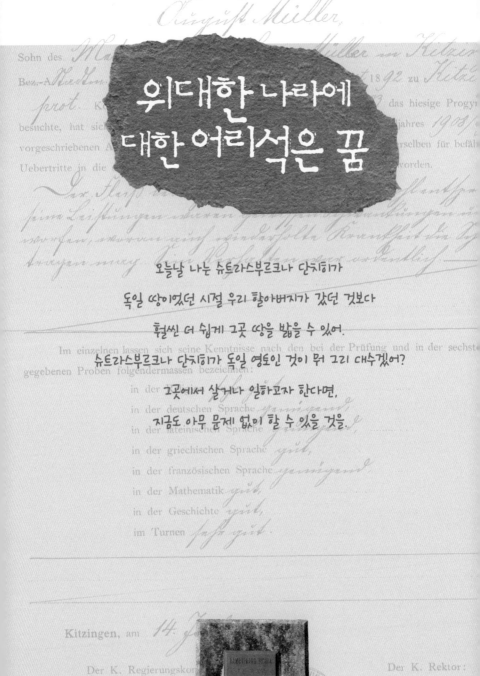

위대한 나라에 대한 어리석은 꿈

오늘날 나는 슈트라스부르크나 단치히가

독일 땅이었던 시절 우리 할아버지가 갔던 것보다

훨씬 더 쉽게 그곳 땅을 밟을 수 있어.

슈트라스부르크나 단치히가 독일 영토인 것이 뭐 그리 대수겠어?

그곳에서 살거나 일하고자 한다면,

지금도 아무 문제 없이 할 수 있을 것을.

언젠가 내 동생이, 따지고 보면 우리 할아버지, 할머니도 테러를 도왔던 거 아니냐고 말했을 때 나는 흠칫 놀랐어. 테러를 도왔다고? 2011년부터 독일에서는 '테러'라고 하면 츠비카우에 근거지를 둔 네오나치 테러리스트들을 떠올리거든. 이들은 수년간 독일 전역에서 '깨끗한 독일'을 구현한다는 이유로 죄 없는 사람들을 살해해 왔어.

물론 우리 할아버지 아우구스트 뮐러와 할머니 마르타 뮐러를 이런 츠비카우 테러단을 재정적으로 지원하는 자들과 한통속이라고 보는 것은 무리가 있어. 내 동생도 반농담처럼 말한 것이고. 하지만 내 동생이 그 말을 한 것은 우리 할머니 스스로 허심탄회하게 말하곤 했던 이야기를 요즘의 테러와 관련지어 보았기 때문이야. 할머니의 이야기들은 오늘날 신나치주의자들의 생각이 1933년에서 1945년까지의 나치 정권에서 비롯되었을 뿐 아니라,

사실은 훨씬 더 이전부터 존재했다는 것을 보여 줘. 말하자면 네 오나치들은 1차대전, 아니 그보다 훨씬 더 이전으로 거슬러 올라가는 흐름을 이어받고 있는 것이지. 네오나치와 독일 제국을 이어 주는 다리가 곧장은 눈에 들어오지 않지만 말이야.

따라서 내 동생은 어찌하여 1920년대 초 젊은 목사 부부였던 뮐러 부부가 테러를 도왔다고 말한 것일까? 내 동생이 그런 이야기를 한 것은 우리 할머니가 했던 이야기 때문이야. 할머니는 자유군단인 '에어하르트 여단' 사람들이 계속해서 목사관에 드나들었다고 말씀하셨거든. 이런 자유군단은 1차대전이 끝난 후 생각이 다른 사람들과의 싸움에서 굉장히 급진적이었어. 에어하르트 여단은 정부의 명령에 따라, 봉기를 일으킨 좌파들과 맞섰을 뿐 아니라, 정치적 암살을 저질러 당시의 법으로도 범죄자로 쫓기는 단원들이 많았지. 할머니 말에 따르면 이렇듯 여단의 몇 사람이 살인과 테러 혐의로 경찰에게 쫓기고 있을 때 일시적으로 우리 할아버지 뮐러의 집에 은신해 있었다고 해.

그리 놀랄 일은 아니야. 우리 할머니, 할아버지는 당시 자유군단 사람들과 정치적 입장이 같았거든. 그들은 민주주의가 독일에 좋지 않다고 생각했고, 독일이 1차대전의 패배를 시인해서는 안 된다고 보았어. 독일이 위대한 나라로 부름 받았다고 생각했지. 나의 할아버지 아우구스트 뮐러는 독일이 다시 위대한 나라가 되도록 만들기 위해 1933년 나치당(국가사회주의독일노동자당: NSDAP)의 당원증에 서명을 하고, 히틀러 테러 정권에 동조했어.

　이렇게 할아버지는 에어하르트 여단 사람들과 같은 길을 갔던 거야. 자유군단은 1차대전 직후 자신들의 심볼 마크를 정했어. 바로 나치의 상징으로 유명한 하켄크로이츠였지. 훗날 나치 정권은 이 마크를 이어받아 끔찍한 위세를 떨쳤어. 에어하르트 여단의 반민주주의자들이 부르던 노랫말은 이랬어. "철모의 하켄크로이츠. 검정-하양-빨강 띠." 나치의 전신인 자유군단은 미국 팝송 멜로디에 이런 노랫말을 붙여서 불렀어. 우리 어머니 말에 따르면 어머니의 언니들 중 한 사람이 당시 세 살이었는데 이 노래를 아주 좋아해서, 1920년대의 어느 날 가족들이 카페에 갔을 때 이 노래를 아주 목청껏 불렀다는군. 옆자리에는 유대인 가족들이 앉아 있었는데 그들이 얼마나 이질감을 느꼈겠어.

네오나치들은 오늘날 검정-하양-빨강 기를 들고 각 지역을 누벼. 오늘날 독일 연방기이자 1919년에서 1933년 사이의 바이마르 공화국기이기도 했던 검정-빨강-금색 기를 의식

✚
나치 정권을 상징하는 하켄크로이츠는 처음에 '에어하르트 여단'이 도입했던 마크였어.

적으로 거부하지. 항공 점퍼를 입은 이들 극우주의자들은 일부러 검정, 하양, 빨강으로 이루어진 독일 제국기를 들고 다니는 거야. 첫눈에 보면 왜 그럴까 하고 의아하게 생각되지만, 알고 보면 네오나치들은 오늘날의 독일을 자랑스러워하지 않는 것이지. 네오나치들은 아주 다른 나라를 동경해. 힘이 세고 세계적인 패권을 가진 나라 말이야. 1914년 독일 제국의 지도자들이 원했고, 후에는 히틀러 나치 정권이 원했던 그런 나라를 동경하지. 마음 같아서야 제3제국의 하켄크로이츠 깃발을 들고 다니고 싶겠지만, 하

✛

독일 제국 깃발을 든 네오나치들.

켄크로이츠기를 드는 것은 독일연방공화국 법으로 금지되어 있거든. 그런 깃발을 가지고 있다가 들키는 사람은 곧장 경찰에 연행될 거야. 그래서 극우주의자들은 검정-하양-빨강 깃발을 들기로 결정한 것이지.

나는 네오나치들이 자신들이 들고 다니는 깃발이 원래 무슨 깃발이었는지 과연 알까 의문스러워. 대부분은 자신들이 독일 제국 시대의 국기를 들고 다닌다는 것, 빌헬름 2세 치하에서 철모를 쓰고 다니던 군인들도 그런 깃발을 들고 다녔다는 것을 모를 거야. 역사적 연관을 생각하는 것은 네오나치들의 강점이 아니니까. 그런 것들을 생각했더라면 극우주의자가 되지 않았을 테지.

네오나치들이 제국 깃발을 가지고 다니는 걸 보면, 나는 기분이 언짢아지고 착잡해져. 외국인을 혐오하고 아주 속 좁은 행동을 일삼는 걸 보면 기분이 몹시 나빠지지. 그러나 한 가지는 인정할 수밖에 없어. 옛날 나치건, 네오나치건 위대한 독일에 대한 그들의 꿈은 약간의 매력을 행사할 수 있다는 거야. 역사적인 지도를 보고, 1914년 독일의 면적이 얼마나 컸는지를 보면 빠르게 '아 그때 그랬었구나!' 하는 생각이 들어. '동해의 아름다운 도시 쾨니히스베르크에서 공부했더라면 얼마나 좋았을까.' 하는 아쉬움이 남지. 쾨니히스베르크는 위대한 철학자 괴테를 배출한 도시지만, 꽤 오래전부터 러시아 땅이었거든(현재는 러시아의 칼리닌그라드—옮긴이). 단치히에서 살아도 좋았을 거야. 단치히도 매우 아름다운 도시야. 오늘날은 폴란드에 속해 있지. 마찬가지로 지금은 프랑스 땅인 슈트라스부르크와 메츠도 예전에는 독일 땅이었어.

하지만 이런 식의 생각을 하다 보면 위험해질 수가 있어. 커다란 나라를 꿈꾸는 사람은 흔히 그 나라에 자기 민족만이 거주하는 꿈을 꿀 때가 많거든. 이런 상상은 현실과는 상당히 괴리를 빚게 되지. 유럽에서는 오랜 세월 다양한 민족이 어울려 살았어. 동프로이센에서도 이미 수백 년 전부터 모국어로 폴란드어를 쓰는 사람들과 독일어를 쓰는 사람들이 나란히 어울려 살았지. 한 마을은 독일어를, 옆 마을은 폴란드어를 쓰곤 했어. 알자스와 로렌 지방에서도 독일어를 사용하는 사람들과 프랑스어를 모국어로 쓰는 사람들이 수백 년 동안 바짝 붙어 살았어. 알자스의 많은 사람들은 오늘날도 여전히 독일어를 사용하지.

약 100년 전 유럽은 다양한 민족과 언어가 어우러진 곳이었어. 무엇보다 오늘날의 폴란드, 체코, 헝가리, 벨라루스, 우크라이나, 세르비아에는 다양한 민족들이 어울려 살았지. 갈등은 계속 있었지만, 대체적으로 보면 함께 살았다고 할 수 있어. 최소한 나란히 붙어서 살았지. 1차대전은 이렇게 더불어 살던 민족들을 다시금 분리시키고자 하는 아주 끔찍하고 피비린내 나는 전쟁이었어. 이런 과정은 수십 년간 계속되었지.

몇십 년 전 '인종 청소'라는 말이 등장했어. '인종'이라는 말과 '청소'라는 말이 결합된 아주 나쁜 말이지. '청소'라고 하면 뭔가가 더러웠다는 소리로 들리잖아. 따라서 민족들—학자들 말로 하면 인종—을 어떤 지역으로부터 '청소'하여 사라지게 해야 한다면, 그 민족은 쓰레기라는 소리밖에 되지 않아. 그리고 '인종 청소'에서 사람은 간단히 사라지지 않아. 폭력을 써서 추방하거나 학살해야 하는 거잖아.

나치는 1933년부터 수많은 유대인을 학살하면서 인종 청소의

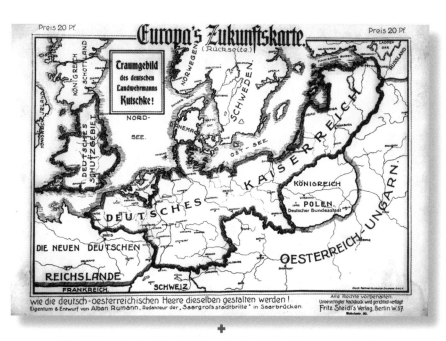

많은 독일인들이 가지고 있었던 프로파간다 지도에는 전쟁의 최대 목표가 표시되어 있어.

위대한 나라에 대한 어리석은 꿈

절정을 구가했어. 특히 폴란드와 다른 동유럽 지역에 중점을 두었지. 나치는 1차대전 동안 독일 제국이 목표로 했던 바를 계승했던 거야. 동유럽의 더 많은 지역을 정복해서 자국민을 그곳에 거주시키는 것 말이야. 1차대전 때 독일군은 오늘날의 폴란드, 벨라루스, 리투아니아 지역을 영속적으로 독일의 지배하에 두고 싶어 했지. 오늘날 폴란드, 벨라루스, 우크라이나, 핀란드, 리투아니아, 라트비아, 에스토니아 지역을 지배하는 것이 독일의 '전쟁 목표' 중 하나였어.

1918년 11월 정전 이후에도 많은 독일인들이 그런 목표를 위해 싸웠어. 자유군단은 독일 내부의 정치적 대적자들에게 총을 쏘아 댔을 뿐 아니라, 1차대전의 '동부전선'까지 나가서 싸웠어. 자유군단인 '도이체 슈츠디비지온(독일 방어부라는 뜻)'이 1919년 지원자 모집을 위해 만든 플래카드를 보면 자신들은 '폴란드라는 위험'에 대항하여 싸운다고 되어 있어. 오랜 세월 러시아와 독일 제후들의 지배하에 살던 폴란드 민족은 1차대전 말에야 드디어 독립국가가 되었는데, 폴란드가 다시금 독립하고 나니 갑자기 독일에게 위험한 존재로 부각되었던 것이지. 그래서 1919년에서 1920년 사이에 계속해서 독일과 폴란드 사이에 전투가 있었어.

따라서 100년 전, 커다랗고 강력한 독일을 꿈꾸며 많은 젊은이들이 1차대전에 참전했으나, 이런 꿈이 수포로 돌아가자 많은 사람들이 크게 실망을 했던 거야. 그리고 이런 꿈을 포기하고 싶어 하지 않았지. 우리 할아버지도 그런 사람 가운데 하나였어. 나는 오늘날 이런 꿈이 위험할 뿐 아니라, 어리석다고 생각해. 유럽의 나라들이 함께 성장해 나가는 것이 더 도움이 되지. 결국 나는 독일에 살 뿐 아니라, 유럽연합의 시민이니까 말이야. 오늘날 나는 슈트라스부르크나 단치

전쟁이 끝난 후에도 독일은 계속해서
이웃 민족들과 싸웠어.

히가 독일 땅이었던 시절 우리 할아버지가 갔던 것보다 훨씬 더 쉽게 그곳 땅을 밟을 수 있어. 슈트라스부르크나 단치히가 독일 영토인 것이 뭐 그리 대수겠어? 그곳에서 살거나 일하고자 한다면, 지금도 아무 문제 없이 할 수 있을 것을.

그 때문에 나는 계속해서 커다란 독일에 대한 어리석은 꿈을 꾸는 네오나치들의 데모를 보면 가슴이 서늘해져. 2010년 봄에 그들은 우리 동네에서 데모를 했어. 이 지역이 집회 장소로 꽤 적

합해 보였던 거지. 1·2차대전 사망자들이 안장된 군인묘지 곁에서 독일이 이 두 전쟁에 패한 것을 개탄한다는 것을 보여 주고자 했던 거야. 플래카드에는 "우리는 패배하고 점령당한 일을 기념하지 않는다."라고 쓰여 있었어. 네오나치들은 군인묘지에서 가까운 망명신청자 보호소로 행진하고자 했어. 그러나 그곳까지 나아가 '외국인은 물러가라'고 구호를 외치지는 못했지. 데모에 반대하는 다수의 사람들이 네오나치들의 행진을 막았거든. 그걸 보니 조금 위로가 되었어. 검정, 하양, 빨강이 어우러진 독일 제국기를 든 네오나치 친구들이 소수라는 사실이 다행이다 싶었지.

하지만 한편으로는 네오나치들을 보잘것없는 소수로 여기며 안심해도 될까 하는 의구심이 들어. 나치 시대가 독일 전체의 역사로 따지면 몇 년 되지 않는 극히 짧은 기간에 불과하지 않았느냐고 말하는 것은 영 잘못된 생각이잖아. 나치가 정권을 잡고 무지막지한 일을 행한 것은 불과 12년이라고, 그게 뭐 그리 대수냐고 쉽게 생각할 수 있어. 전에는 나치가 없었고 후에도 나치가 없었다고 말이야. 제3제국에 대한 책이나 글을 보면 자꾸 그런 느낌을 불러일으키려고 하는 것들이 많아. "1933년에 거대한 우주선이 갈색 제복을 입은 수백만의 외계인들을 싣고 와서 뱉어내었다. 그리고 1945년 UFO는 이런 외계인 나치들을 다시금 모아서 싣고 날아가 버렸다. 소동은 지나갔다." 하는 식이야.

하지만 그렇지 않아. 조금만 더 자세히 보면, 나치 이데올로기의 많은 요소들이 제3제국 이전부터 이미 돌아다니고 있었다는 것을 알 수 있어. 아돌프 히틀러와 그의 패거리들의 강대국에 대한 환상은 1933년에 비로소 고안된 것이 아니었어. 가령 전독일연맹(독일의 여러 보수, 우파 단체들이 모여 만든 조직—옮긴이)은 1차대전 이전부터 독일을 세계 제국으로 만들고자 노력했어. 아무나 그 제국의 일원이 될 수 있는 것은 아니었지. 전독일연맹 대변인인 하인리히 클라스는 1912년에 자신들이 인간 취급을 하지 않는 사람들이 어떤 사람들인지를 열거했어. "타락하거나 반짐승인 러시아 농민들" "동아프리카의 흑인들" "갈리치아 또는 루마니아의 참아 줄 수 없는 유대인들"이 명단에 들어 있었지.

그러니까 1933년에서 1945년 사이에 나치에 의해 절정을 맞았던 인종차별은 이미 그보다 오래전부터 꿈틀대고 있었던 거야. 1차대전 중에 유대인들이 겪었던 일을 돌아보면 당시 인종차별적·반유대주의적 망상들이 얼마나 심했는지를 알 수 있어. 1916년 군대에서는 '유대인 헤아리기(세기)'라는 조치가 시행되었어. 군인들 중 유대인 비율이 전체 인구에서의 유대인 비율과 맞아떨어지는지 점검하고자 한 것이었지. 유대인들이 요리조리 참전을 피해 다닌다고 비유대인 독일인들이 의심한 것에서 비롯된 조치였어. 그 결과는 전쟁 중에는 공개되지 않았어. 훗날에야 유대인에 대한 의심은 근거가 없던 것으로 드러났지.

1차대전이 시작될 즈음 독일 제국의 유대인은 약 55만이었는데, 이들 대부분은 전독일연맹이 자신들을 미워하도록 선동했어도 흔들리지 않았어. '독일 유대계 시민 중앙연합'은 1914년 8월 초 다음과 같은 성명을 냈어. "믿음의 동료들이여! 의무를 뛰어넘어 조국을 위해 우리의 힘을 다할 것을 촉구하노라." 그러나 스스로를 기독교인들이라 일컫는 독일인들은 유대인들의 이런 참여에 제대로 감사해하지 않았어.

하지만 1차대전은 다른 면에서도 유대인들의 역사에 길을 놓아주었어. 전쟁을 통해 유대인 독립국가가 형성되기 위한 토대가 일부 놓이게 되었지. 이스라엘이라는 나라는 유례없는 민족 학살인 '독일 나치 정권에 의한 유대인 학살'이 저질러진 뒤 1948년에야 건국되었어. 하지만 1917년 11월에 이미 당시 영국의 외무장관이었던 아서 밸푸어는 "팔레스타인에 유대민족을 위한 보금자리를 마련해 주겠다."라는 약속을 했지.

영국인이 그런 약속을 한 것은 1차대전에서의 전선과 관계가 있어. 나중에 터키가 된 오스만 제국은 독일과 오스트리아-헝가리 편에 가담하여 싸웠는데, 영국군은 오스만과의 전투에서 지금의 이스라엘 땅까지 진격해 들어갔어. 그리고 1917년 12월에 예루살렘을 함락시켰지. 예루살렘 땅은 그때까지 500년간 오스만 제국의 치하에 있었거든. 그러던 것이 이제 영국이 유대인, 기

1917년 12월 9일, 영국군은 예루살렘으로 진격해 들어갔어.

독교인, 무슬림이 모두 '성지'로 여기는 그 땅을 어떻게 분할할 것인지에 대해 목소리를 낼 수 있게 되었던 거야.

따라서 오늘날 이스라엘 주변 갈등의 뿌리가 어디에 있는지를 찾는 사람은 제3제국 동안의 유대인 대학살로 거슬러 올라가게 될 뿐 아니라, 다양한 길을 통해 빠르게 1차대전으로 거슬러 올라가게 되는 거야.

베르됭 같은 곳에 앉아 있노라면

나와 같은 언어를 쓰는 사람들이 몇 번이나 유럽을

전쟁과 파괴로 얼룩지게 했다는 생각을 억누를 수가 없어.

나의 할아버지 세대는 베르됭에서 인류사상 둘째가라면

서러울 아주 끔찍한 전투를 벌였어.

그래서 나는 베르됭에 가서는 마드리드나 리스본에서처럼

아무렇지도 않게 돌아다닐 수가 없어.

불행한 일이 일어나면 대부분의 사람들은 곧장 누구 잘못인지를 따져. 2차대전의 경우는 이런 질문에 꽤 쉽게 대답을 할 수 있어. 베를린의 나치 정권이 1차대전의 패배를 무마하고 유럽을 지배하려 했다고. 그래서 아돌프 히틀러가 1939년 독일군으로 하여금 이웃 나라로 진격해 들어가게 한 것이라고 말이야. 따라서 2차대전이 누구 책임인가에 대해서는 아무도 더 이상 심각하게 묻지 않지.

하지만 1차대전이 누구 책임인지에 대해서는 대답하기가 쉽지 않아. 언뜻 보면 분명해 보이긴 해. 독일이 1914년 8월 벨기에를 공격했고 다음으로 프랑스로 진격했잖아. 하지만 그때는 오스트리아-헝가리 정부가 이미 세르비아와 전쟁을 시작한 참이었지. (64쪽 '즐겁게 불행으로 걸어 들어가다' 장 참고) 그러나 어느 순간부터는 거의 아무도 오스트리아-헝가리가 1차 세계대전에 얼마나 많은 책임이 있는가를 묻지 않았어. 오스트리아-헝가리 제국은 1918년에 거의 완전히 해체되었기 때문이지. 그 이래로 빈의 정부는 국제적으로 그리 큰 영향력을 미치지 못했기에 아무도 이전 정부가 무엇을 했으며 어떤 책임이 있는지를 묻지 않았어.

그러나 독일의 경우는 달랐어. 1차대전 이후 면적이 훨씬 줄어들고 눈에 띄게 약해지긴 했지만, 전쟁 상대국들에게는 '다시 패권을 휘두르려고 하지 않을까.' 하는 걱정을 주기에 충분했지. 그래서 그것을 막기 위해 영국과 프랑스는 베르사유 조약에 가혹한 조건들을 내걸었던 거야. 그러나 이 조약에서 또한 어느 나라가 전쟁에 책임이 있는지에 대한 답변이 이루어졌고, 독일 때문에 전쟁이 일어났다고 평화조약에 분명히 명시되었지.

많은 독일인들은 이런 내용에 분개했어. 독일인들은 1914년 당시 비열한 적국들 사이에 포위되어 있다고 느끼고 있었거든. 우리 할머니가 시 노트에 적었던 것처럼 '사방이 적'이라고 말이야. 그래서 많은 독일인들은 1차대전을 이웃 나라들의 힘에서 벗어나려는 몸짓으로, 방어의 몸짓으로 보았어. 결코 이웃 나라를 독일이 공격한 것이라고 생각하지 않았지.

다른 한편으로 프랑스 역시 자신들을 공격하는 독일군을 국경 밖으로 밀어내려고만 하지는 않았어. 독일의 전쟁 슬로건이 "파리로 소풍을"이었다면, 프랑스 쪽의 슬로건은 "베를린으로 가자"였지. 프랑스의 목표는 독일의 수도로 진격해 들어가는 것이었어. 많은 프랑스인들은 1870~1871년 프로이센-프랑스 전쟁에서의 패배를 보복하고자 했거든. 프랑스의 추기경 알프레드 보드리야르는 전쟁이 시작되자 "이런 결과가 빚어진 것은 아주 행운이다. 나는 40년 전부터 이를 기다려왔다."라고 했어. 많은 프랑스인들이 그와 같은 생각을 했지.

전쟁의 책임에 대한 문제를 약간 다른 시각에서 접근하여 각각의 정부가 전쟁을 막기 위해 무엇을 했는지를 묻는다면 독일과 오스트리아-헝가리 제국 정부가 아무것도 하지 않았다는 것을 쉽게 확인할 수 있어. 하지만 러시아, 영국, 프랑스 정부는 전쟁을 막기 위해 최선을 다했을까? 그것도 의심스러워.

따라서 어느 나라가 전쟁에 책임이 있는가는 간단히 대답할수 없는 문제야. 다만 한 가지는 분명해. 독일군이 벨기에와 프랑스로 침입해 들어갔다는 사실 말이야. 러시아에서도 독일군이 모스크바 근처까지 진격해 들어갔어. 독일군은 1914년부터 그렇게했고, 1939년부터 또 그렇게 했지.

그러나 '전쟁 책임 문제'는 각각의 독일 정부가 세계대전에 책임이 있을 뿐 아니라, 오늘을 사는 독일인에 이르기까지 국민한 사람 한 사람도 그 일에 책임이 있지 않은가 하는 물음이야. 독일이 프랑스, 영국, 러시아를 공격한 것으로 인해 내게 죄가 있다고? 100년이 지났는데, 독일인이라고 말이지? 나는 그렇게 생각하지 않아.

그럼에도 나는 베르됭의 레스토랑에 앉아 있을라치면 기분이 묘해져. 다른 테이블 사람들이 혹시 나를 '보쉬'로 보지 않을까 생각하지. 예전 세대 독일인들이 프랑스 국경을 넘어 진격해서 프랑스인들을 죽이고, 포탄으로 땅을 황폐화시켰던 것에 대해 내 개인적으로는 죄책감이 느껴지지 않아.

하지만 베르됭 같은 곳에 앉아 있노라면 나와 같은 언어를 쓰는 사람들이 몇 번이나 유럽을 전쟁과 파괴로 얼룩지게 했다는 생각을 억누를 수가 없어. 나의 할아버지 세대는 베르됭에서 인류사상 둘째가라면 서러울 아주 끔찍한 전투를 벌였어. 그래서 나는 베르됭에 가서는 마드리드나 리스본에서처럼 아무렇지도 않게 돌아다닐 수가 없어. 터키인이 아르메니아를 여행한다면 (1차대전 동안 터키의 아르메니아인 대학살 때문에) 마음이 마냥 편하지는 않을 거야. 미국인으로서 히로시마에 간다면 런던을 여행하는 것과는 또 다른 느낌이겠지.

프랑스 섬 코르시카를 여행하는 중에도 나는 우리 민족의 역사가 다른 민족의 역사와 얼마나 얽혀 있는지를 실감하게 돼. 코르시카에는 마을마다 1차대전 사망자 명단이 적힌 기념비가 세워져 있지. 아주 작은 마을인데도 사망자 명단은 믿을 수 없을 만

코르시카의 마을 피에트라 디 베르드. 그곳에 있는 전사자 기념비.

큼 길어. 가령 피에트라 디 베르드라는 작은 마을은 오늘날 주민이 120명인데 전사자 기념비를 보니 1914년에서 1918년까지 독일군과 싸워 사망한 전사자가 무려 32명이나 되더라고. 생각해 보니 피에트라 디 베르드 마을에 살던 남자들의 절반은 그렇게 죽었겠구나 싶었어. 총 인구가 120명이면 남자들은 그 절반인 60명 정도였을 테니까.

전사자 명단에는 성이 같은 사람들이 두 명, 세 명, 또는 네 명까지도 있었어. 샤를-마티유 발레리, 피에르-마리 발레리 형제처럼 말이야. 인터넷 데이터뱅크에 보니 샤를-마티유는 1914년 9월 17일 북프랑스에서 실종 신고가 되었다고 나와 있었어. 그의 형제는 1916년 8월 7일 역시나 북프랑스에서 포탄에 맞아 사망했지. 사비뇨니라는 이름은 무려 네 명이나 되었어. 세자레, 루시엥, 실베스트르, 그리고 여성인 마리 사비뇨니. 마리 사비뇨니는 독일 잠수함 공격으로 배가 격침당하는 바람에 세상을 떠났지(102쪽 '바다, 수만 명의 무덤' 장 참고). 기념비에 '영웅'이라고 되어 있지 않고, '앙팡 드 피에트라(Enfants de Pietra)', 즉 '피에트라의 아이들'이라고 되어 있는 것은 다 이유가 있어. 전사자 중 다수가 너무나 어린 나이였던 것이지. 세자르 사비뇨니는 스물두 살에 벨기에에서 사망했고, 루시엥 사비뇨니는 1917년 동프랑스에서 전사했을 때 겨우 스무 살이었어. 이들은 태어나서 자라는 동안 작은 마을을 거의 벗어나 본 적이 없었을 테지. 가족들끼리는 프랑스어가 아니라, 태어난 섬 언어인 코르시카어를 쓰면서 살았을 거야. 그러고는 생전 처음 집을 나서서 바다를 건너가게 된 곳이 전쟁터였던 거야. 무기 앞으로, 참호 속으로! 그리운 고향 마을에서 1000킬로미터도 더 떨어져서 보쉬, 즉 독일놈들과 싸우다가 꽃다운 나이로 숨져 갔던 것이지.

오늘날 나와 나의 자녀들 같은 보쉬들은 코르시카 해변에서 휴가를 보내. 프랑스 지중해변의 휴양도시들에도 놀러 가지. 독일인들이 경제적으로 윤택하게 사는 모습을 보면 독일이 세계대전에서 정말로 패한 게 맞나 하는 생각에 들 때도 있어. 1918년과 1945년, 독일은 정말로 바닥까지 추락했었지. 하지만 오늘날 유럽에서 독일이 얼마나 잘살고, 얼마나 영향력과 힘을 가지고 있는지를 생각해 보면, 독일이 1914년경보다 훨씬 강해졌다는 걸 알 수 있어. 전에 전쟁 상대국이었던 프랑스와 영국을 넘어섰을 정도로 말이야. 세르비아나 그리스처럼 1차대전에 참전했던 다른 나라들은 강한 나라들의 파워 게임에 휘둘리고 있지.

다른 나라들이 독일을 계속해서 약간 탐탁지 않게 바라보는 것도 다 이런 맥락이라고 할 수 있어. 독일 정부는 1914년에서 1945년 사이에 두 번이나 세계를 제패하겠다고 난리를 떨었어. 독일 철모를 쓴 군인들은 전 유럽에 공포의 전율을 불러일으켰고, 1차대전이 끝난 직후에는 자유군단이 이 철모 위에 하켄크로이츠 표시를 했지.

독일이 오늘날 정치, 경제적으로 유럽의 최강국이라는 것이 많은 사람들로 하여금 독일이 1914년에서 1945년 사이의 '제2차 30년전쟁'에서 결국은 이긴 것이 아닌가 하는 생각을 불러일으키는 것 같아. 이런 사람들은 독일을 안 좋게 생각하지. 그래서 그리스에서는 독일 총리 앙겔라 메르켈이 하켄크로이츠 철모를 쓴 모습으로 잡지 표지에 등장하기도 했어.

+

2012년 여름, 그리스의 어느 잡지 표지에
나치 군복 차림의 메르켈 총리 사진이 실렸어.

나는 그런 합성 사진이 정말 말도 안 되는 황당한 사진이라고 생각해. 하지만 그런 사진을 합성하는 사람들의 생각은 한 가지 점에서는 옳아. 독일이 전쟁에서는 패했지만, 영원한 패자가 되지는 않았다는 것이야. 그리고 다시 이웃들에게 가해자가 되지 않도록 주의하라는 경고가 그 사진에 담겨 있다고 볼 수 있지.

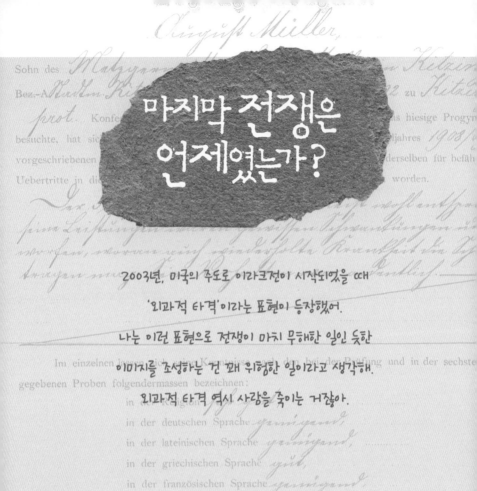

마지막 전쟁은 언제였는가?

2003년, 미국의 주도로 이라크전이 시작되었을 때

'외과적 타격'이라는 표현이 등장했어.

나는 이런 표현으로 전쟁이 마치 무해한 일인 듯한

이미지를 조성하는 건 꽤 위험한 일이라고 생각해.

외과적 타격 역시 사람을 죽이는 거잖아.

"전쟁을 끝낼 전쟁"— 영국 작가 H.G. 웰즈는 1914년 당시 막 시작된 전쟁에 대해 이렇게 말했어. 웰즈는 이 시점에 1차대전이 얼마나 끔찍하게 전개될지를 전혀 몰랐지. 전쟁의 와중에서도 사람들은 지금까지 없었던 이런 극악무도하고 비인간적인 전쟁이 이제 다시는 민족들이 서로 무기를 들고 싸우는 일이 없게끔 해줄 거라고 희망하곤 했어. 1918년을 1차대전이 종식된 시점으로 본다면, 이런 희망은 쓰디쓴 착각으로 드러났지. 불과 20년 뒤에 세계는 다시금 가공할 전쟁에 휩쓸려 들어갔거든. 하지만 그런 사실에 대해 놀라워하지 않는 사람들이 많아. 그들은 '인류에게 전쟁이야 늘 있는 일'이라고 생각하지. 과연 그 말이 맞을까?

내 자녀들이 공부하는 역사 교과서를 보면 그 말이 맞는 것 같은 생각도 들어. 인류의 역사는 전쟁으로 점철되어 있지. 내 아들은 알렉산드로스 대왕의 정복 전쟁에 대해 배웠고 카르타고 전쟁에 대해 리포트를 썼어. 그리고 '칼 대제, 유럽을 정복하다'라는 제목의 글을 읽었지. 제후, 황제, 교황 사이의 싸움들, 100년전쟁, 30년전쟁, 나폴레옹 전쟁, 식민 전쟁, 1·2차 세계대전, 그 이후 한 국전쟁(6·25 전쟁), 베트남전, 이라크전, 그리고 중동에서의 전쟁 들… 온통 전쟁들뿐이야.

인간이 있는 곳에 전쟁이 있다는 것은 내 고향 또는 내가 휴가 를 가는 지역들만 생각해도 맞는 말인 듯 보여. 내 고향인 로텐부 르크 옵 데어 타우버는 옛날에 세운 성벽이 잘 보존되어 전 세계 관광객들에게 사랑받는 관광지가 되었지. 성벽과 요새는 아주 예 뻐. 프랑스의 카르카손이나 스페인의 아빌라, 이탈리아의 루카 같 은 곳도 마찬가지야. 정말 장관이라는 생각이 들지.

하지만 그런 성벽과 요새는 무엇 때문에 만들어 놓은 것일 까? 수백 년 전, 계속하여 외부 세력이 침입해 왔기 때문이지. 우 리가 오늘날 낭만적으로 생각하는 성벽과 탑은 지금으로부터 그 리 오래되지 않은 시대에 유럽과 독일에서 오늘날의 아프가니스 탄과 콩고, 차드에서와 비슷한 일들이 일어났다는 것을 보여 줘.

유럽에서 벌어졌던 가장 최근의 전쟁이 끝난 지는 불과 20 년도 되지 않았어. 보스니아 전쟁은 공식적으로 1996년에 끝났 지. 세르비아, 보스니아, 크로아티아 사이의 싸움이었어. 이 전쟁 으로 보스니아 수도 사라예보는 상당 부분 파괴되었지. 뮌헨으로

옛 성곽은 낭만적으로 보이지만
결코 낭만적인 상황에서 지어진 것이 아니야.

부터 700킬로미터도 떨어지지 않은 곳에서 그런 일이 있었던 거야. 이 전쟁으로 인한 사망자 수가 25만이라고 하더라. 사라예보는 1차대전의 촉발제가 되었던 도시지. 1914년 오스트리아 황태자 프란츠 페르디난트가 그곳에서 암살당했잖아. 그리고 세르비아는 오스트리아-헝가리 제국이 1914년 가장 먼저 선전포고를 했던 나라였고.

우리 할아버지가 백 살까지 살아서, 1992년 보스니아 전쟁이 발발할 당시까지 계셨다면, "전쟁은 언제나 있구나."라고 말씀하셨을 거야. 목사 아우구스트 뮐러는 인간이 죄를 지어 에덴동산(낙원)에서 쫓겨난 이후로 서로를 죽이게 되었다고 생각했거든. 할아버지는 이런 전쟁을 통해 자신의 생각을 확인할 수 있다고 느꼈을 거야. 1914년에 시작한 전쟁이 '모든 전쟁을 끝내는 전쟁'이 되기를 바랐던 사람들은 실망했겠지.

하지만 많은 역사가들처럼 20세기에 일어난 두 차례의 세계대전을 '제2의 30년전쟁'으로 보는 사람들은 '전쟁을 끝내는 전쟁'이라는 생각이 그다지 그르지 않다고 생각할 수도 있어. 오늘날에는 내 아들이 우리 할아버지처럼 독일군이 되어 프랑스로 진격한다는 건 있을 수 없는 일이잖아. 이탈리아와 오스트리아가 서로 전쟁을 한다는 것도 상상이 안 가고. 정확히 그런 전쟁에서 전사한 수많은 사람들이 우리 집에서 불과 몇백 미터 안 되는 곳에 묻혀 있는데도 말이야. 군인묘지를 보면서 나는 그래도 인류의 역사에서 몇 가지는 좋은 방향으로 가고 있는 것이 아닌가 하는 희망을 가지곤 해. 유럽연합 회원국들은 계속하여 서로 평화롭게 살아가고 있어. 오늘날 유럽은 전에 없이 화목하게 지내고 있지.

하지만 냉정한 시선으로 세계를 바라보면, 인류가 1·2차 세계대전을 겪고도 무기를 완전히 폐기해 버리지 못한 것을 확인할 수 있어. 무기 활용 방법만 달라졌을 뿐이지. 이제 어떤 장군도 부하들에게 총과 총검을 휘두르며 적진을 향해 돌격하라는 명령을 내리지는 않을 거야. 더구나 유럽에서는 말이야. 군사력은 현대화되었고 작전은 더욱 고도화되었지. 2003년, 미국의 주도로 이라크전이 시작되었을 때 '외과적 타격(surgical strike)'이라는 표현이 등장했어. 이 말은 메스를 든 외과의사처럼 전투기와 로켓포로 정밀 폭격을 가하는 것을 의미하지. 나는 이런 표현으로 전쟁이 마치 무해한 일인 듯한 이미지를 조성하는 건 꽤 위험한 일이라고 생각해. 외과적 타격 역시 사람을 죽이는 거잖아. 원격조종 무인항공기 공격이라 해도 사람이 죽는 건 마찬가지야. 가령 미군은 이런 무인항공기로 아프가니스탄의 탈레반을 공격했어. 2012년~2013년 신문에 실렸던 시리아나 리비아의 파괴된 가옥 모습은 1차대전 당시의 프랑스나 벨기에의 모습과 별다르지 않아 보였어.

비행기 폭격과 탱크 공격이 전쟁을 종식시키는 데 기여할 수 있을까? 글쎄, 그렇지 않을 것 같아. 나는 오히려 사람들이 전쟁이 의미하는 바를 의식할 때 전쟁이 끝난다고 생각해. 순진하게 들릴지 몰라도, 사람들이 "전쟁을 해야 한다."라는 말을 중단할 때 전쟁이 끝난다고 생각하지. 1914년부터 무슨 일이 일어났었는지를 관심 있게 보는 사람은 전쟁의 더럽고 추한 얼굴을 볼 수 있을 거야. 원격조종 무기로 전투를 하는 아프가니스탄이나 콩고, 차드, 또는 오늘날 전쟁이 있는 모든 곳에서 그런 얼굴이 드러날 거야.

전쟁의 얼굴 보기 ─ 그것은 어떤 식으로 이루어질까? 나는 전에 여유 시간을 내어 군인묘지를 돌보는 사람들을 이상하게 생각했어. 학창시절, '독일 군인묘지 보호 국민연합'이 돈을 모금하던 일이 기억나. 나는 십자가와 묘비가 끝도 없이 펼쳐진 군인묘지를 가꾸며 뿌듯해하는 사람은 분명 군국주의자들일 거라고 생각했어.

정말로 그렇듯 정성껏 묘지를 가꾸는 행동은 영웅적인 전투를 기념하고 되새기기 위해서였을 거야. 그러면서 마음으로 새로운 전쟁을 준비하고 말이야. 하지만 그러는 동안 유럽 전역에서 전사자들을 기억하는 시각은 많이 달라졌어. 프랑스 베르됭 전쟁 기념관에서도 영웅을 기리고만 있지는 않아. 전쟁 기념관의 서점

베르됭에서는 수만 명이 사망했어.

자크 타르디의 만화는 전쟁의 참혹함을 보여 주고 있어.

에서는 자크 타르디의 만화 〈Putain de guerre〉도 팔고 있더라고. '망할 놈의 전쟁'이라는 제목인데, 독일어판의 경우 조금 완화하여 '비참한 전쟁'이라는 제목으로 나왔지. 자크 타르디는 자신의 만화에 전쟁의 끔찍함을 담아내었어.

우리 집 근처의 이탈리아 군인묘지에는 군인을 기리는 기념비뿐 아니라, "안식의 장소이자, 반성의 장소이며, 전쟁을 경고하는 장소이다."라고 쓰인 금속 기념물이 있어.

　오늘날 이런 군인묘지가 세상에 주는 메시지는 평화의 메시지야. '평화주의'라는 말이 너무 뻔한 말로 들리니? 한때 독일에서는 수만 명씩 거리로 몰려나와 평화시위를 벌이곤 했는데 오늘날은 거의 그런 일이 없어. 나는 열네 살 때 처음으로 평화시위에 참여해 보았어. 그때 무려 30만 명이 시위에 참여했지. 독일 역사상 최대의 시위였어. 당시 미국은 서독에 신형 핵탄두 로켓을 배치하고자 했거든. 최신 버전이라고 했지만, 많은 사람들은 핵무기자체가 가지는 무시무시함에 분개했어. 단번에 인류를 싹쓸이해버릴 수 있는 폭발력을 갖는다는 사실에 말이야.

평화시위에 참여한 사람들은 미국이나 러시아의 대통령이 아주 의식적이고 의도적으로 핵로켓을 발사할 것을 우려했을 뿐 아니라, 사고가 일어나거나 뭔가가 잘못된 경우를 걱정하는 것이었

!헨 남부 이탈리아 군인묘지에 있는 금속 기념물.

1981년 10월 10일 본에서 열린 평화 시위에 약 30만 명이 참여했어.

어. 세상이 의도치 않게(실수로) 멸망해 버릴 수도 있을지 어떻게 아느냐는 것이었지. 독일에서 평화시위가 한창이던 시절인 1983년에 나온 〈전쟁 게임(War Games)〉이라는 미국 영화는 컴퓨터광인 10대 소년이 실수로 세상을 거의 멸망시킬 뻔한 이야기를 다루고 있어. 10대 소년 데이비드는 재미있는 게임이 내장되어 있다고 생각하여 어떤 컴퓨터를 해킹하지. 그러고는 '범인류적 핵전쟁'이라는 제목의 프로그램을 실행시켜. 그렇게 해서 하마터면 세상을 멸망시킬 뻔하게 되지. 데이비드가 실행시킨 것은 게임 프로그램이 아니라, 미국의 핵무기를 조종하는 프로그램이었기 때문이야.

전 세계의 핵무기가 해커들의 공격에 얼마나 안전한지 난 잘 모르겠어. 일반적인 사고의 위험이 있지는 않은지 하는 것도 말이야. 하지만 전 세계에 1만9000개의 핵탄두가 있고, 그중 4000개가 언제라도 투입될 준비가 되어 있다는 소리를 들으면 기분이 아주 안 좋아져. 중국, 러시아, 미국같이 공식적으로 핵무기를 보유한 나라의 로켓 기지나, 핵무기가 탑재된 영국이나 프랑스의 잠수함에서 모든 사람들이 언제나 모든 것을 실수 없이 제대로 할 수 있을까? 우린 그저 그러리라고 믿을 수밖에 없지만, 곰곰이 생각해 보면 걱정스러워지지. 공식적인 핵보유국은 아니지만, 핵무기를 보유하고 있거나 보유하려고 애쓰는 나라들을 생각하면 더 불안해져. 파키스탄, 인도, 북한, 이란… 이런 나라들 말이야.

이 외에 더 있을지도 몰라.

그래서 나는 요즘 평화시위 같은 것이 거의 없다는 것이 놀라워. 오늘날 핵무기를 해체하라고 요구하는 목소리를 거의 들을 수 없는 이유가 무엇일까 의아해하지. 1945년 미국은 일본의 히로시마와 나가사키에 각각 하나씩의 원자폭탄을 투하했는데, 이것은 그 큰 도시들을 완전히 파괴하기에 충분했어.

　이런 원자폭탄 공격에 대해서도, 그것이 전쟁을 영원히 끝내기 위한 목적이었다고들 했지. 이상한 것은 그 후에도 계속 새로운 전쟁이 있었다는 거야. 순진한 생각인지 몰라도, 전쟁을 끝내기 위해 전쟁 준비를 하고 전쟁을 한다는 것은 납득이 가지 않아. 우리 할아버지가 참전한 전쟁도 어쨌든 간에 '전쟁'에 종지부를 찍지는 못했어.

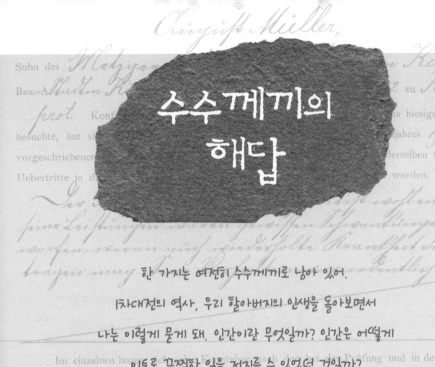

수수께끼의 해답

한 가지는 여전히 수수께끼로 남아 있어.

1차대전의 역사, 우리 할아버지의 인생을 돌아보면서

나는 이렇게 묻게 돼. 인간이란 무엇일까? 인간은 어떻게

이토록 끔찍한 일을 저지를 수 있었던 것일까?

그것도 수천 년 전 같은 먼 옛날도 아니고,

중앙아프리카에서도 아니고, 지금으로부터 그리 멀지 않은 시대에,

내가 사는 바로 이곳에서 어떻게 그럴 수 있었던 것일까?

우리 외갓집에서는 왜 매년 8월 24일이면 할아버지가 다리를 잃게 된 것을 축하했을까? 뮐러 부부는 그날 왜 건배를 들었을까? 의족을 둘러싼 이런 이상한 연례행사가 생겨난 이유는 무엇이었을까? 어머니가 내게 알려 준 이유는 명백했어. 바로 그날이 우리 할아버지에게는 1차대전이 끝난 날이었다는 것이지. 전쟁이 시작된 지 3주 만에 우리 할아버지에겐 '사건 종료'가 되었던 거야. 할아버지는 더 이상 베르됭이나 러시아의 전투에 나가지 않아도 되었지. 1914년 8월 24일 이후부터는 포탄에 맞아 죽거나 독가스에 질식될 위험을 겪지 않아도 되었던 거야. 전쟁에서 전사한 200만 명의 독일 남자들 속에 더 이상 끼지 않게 된 것이지. 참전 군인 일곱 명 중 한 명이 전사했는데, 우리 할아버지는 살아남은 축에 들었어. 일찌감치 부상을 당했던 덕이었지.

다리 하나를 잃게 한 포탄으로 인해 아우구스트 뮐러의 삶은 바뀌었어. 어떤 의미에서는 그 포탄 덕에 그는 나중에 다섯 아이의 아버지가 될 수 있었지. 그 아이 중 한 사람이 우리 엄마였고. 이 포탄이 아니었다면 훗날 내가 태어나지 않았을지도 몰라. 그러면 나의 자녀들도 태어나지 못했겠지. 그러므로 우리 가족이 할아버지가 다친 날을 축하할 이유가 있는 거야. 따라서 '그날에 왜 건배를 했을까.' 하는 수수께끼는 풀린 것이지.

하지만 다른 한 가지는 여전히 수수께끼로 남아 있어. 1차대전의 역사, 우리 할아버지의 인생을 돌아보면서 나는 이렇게 묻게 돼. 인간이란 무엇일까? 인간은 어떻게 이토록 끔찍한 일을 저지를 수 있었던 것일까? 그것도 수천 년 전 같은 먼 옛날도 아니고, 중앙아프리카에서도 아니고, 지금으로부터 그리 멀지 않은 시대에, 내가 사는 바로 이곳에서 어떻게 그럴 수 있었던 것일까? 나는 대체 누구일까? 이렇게 묻는 건 또 무슨 의미가 있을까? 이런 질문은 쉽게 대답할 수가 없어.

또 하나의 질문이 남아 있어. 우리 할아버지와 같은 상황이라면 나는 어떻게 했을까? "하느님이 영국을 벌주시기를."이라는 말에 고개를 끄덕였을까? 나는 프랑스 젊은이들, 코르시카와 알제리의 젊은이들과 싸우기 위해 기차에 올랐을까? 아니면 당시에도 이미 있었던 평화주의자 편에 속했을까? 1931년 1차대전에 대해 "군인들은 살인자인가?" 하고 물었던 쿠르트 투콜스키처럼 전쟁을 비판하는 글을 썼을까? 탈영해서 총살당했을까? 잘 모르 겠어.

1870~1871	프로이센-프랑스 전쟁. 독일, 알자스-로렌 지방을 정복하고 파리의 베르사유 궁전에서 독일 제국의 성립을 선포하다.
1879 10.7	독일과 오스트리아-헝가리, 양국 동맹 체결.
1888	빌헬름 2세, 독일 황제로 등극.
1914 6. 28	오스트리아-헝가리 제국 왕위 계승자인 프란츠 페르디난트 황태자와 조피 황태자비, 사라예보에서 암살당하다.
1914 7. 23	오스트리아-헝가리 제국, 세르비아에 최후통첩을 보내다.
1914 7. 28	오스트리아-헝가리 제국, 세르비아에 선전포고하다.
1914 7. 29~30	러시아, 총동원령을 선포하다.
1914 8. 1	독일, 총동원령을 선포하고 러시아에 선전포고하다.
1914 8. 3	독일, 프랑스에 선전포고하고 벨기에로 진격하다.
1914 8. 4	영국과 독일 사이에 전쟁이 시작되다.
1914 8. 26~30	독일, 타넨베르크 전투에서 러시아에 승리하다.
1914 9. 5~12	독일의 프랑스 진격이 마른 강 전투에서 교착상태에 빠지다.
1915 2. 22	독일, 무제한 잠수함 작전을 선포하다.
1915 4. 22	독일군, 벨기에 이프레에서 처음으로 독가스를 살포하다.
1915 5. 7	독일 잠수함, 영국 여객선 루시타니아호를 격침시키다.
1915 5. 23	이탈리아, 오스트리아-헝가리 제국에 선전포고하다.
1916 2. 21	10개월에 걸친 베르됭 전투 시작되다.
1917 2. 1	독일, 그동안 중단했던 무제한 잠수함 작전을 재개하다.
1917 3. 15	러시아에 소요 사태가 일어나, 차르 니콜라이 2세가 퇴위하다.
1917 4. 6	미국, 독일에 선전포고하다.

1917 4. 16	레닌, 독일의 도움으로 러시아로 귀환하다.
1917 11. 8	러시아 볼셰비키, 혁명정부를 구성하다.
1917 12. 15	러시아와 독일, 정전에 합의하다.
1918 3. 3	러시아 볼셰비키 정부, 브레스트-리토프스크 평화조약에 조인하다.
1918 7. 18	미국, 영국, 프랑스의 공격이 시작되다.
1918 9. 29	독일군 사령부, 정전 의사를 표시하다.
1918 11. 7	쿠르트 아이스너, 바이에른을 자유 주로 선언하다.
1918 11. 9	필립 샤이데만과 칼 립크네히트, 베를린에서 공화국을 선포하다.
1919 1. 6~15	스파르타쿠스 봉기, 칼 립크네히트와 로자 룩셈부르크가 암살을 당하다.
1919. 6. 28	독일, 베르사유 평화조약에 서명하다.

1차대전 이전(1914년)의 유럽

스페인	주권 국가
몰타(영국)	식민지, 보호령, 점령 지역
쿠를란드	지역
○소피아	한 나라의 수도

0   250   500 km

1차대전 이후(1919년)의 유럽

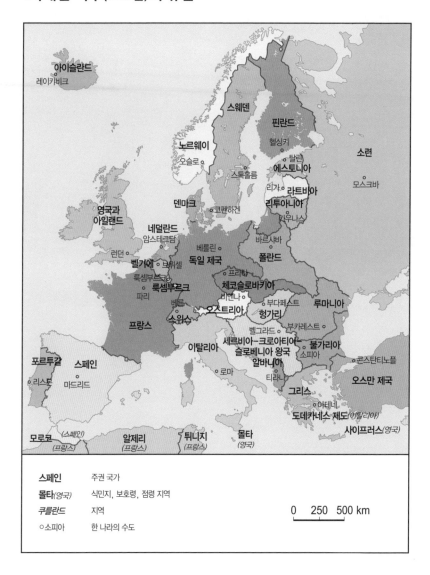

스페인	주권 국가
몰타(영국)	식민지, 보호령, 점령 지역
쿠를란드	지역
○소피아	한 나라의 수도

0 250 500 km

1914년의 전선

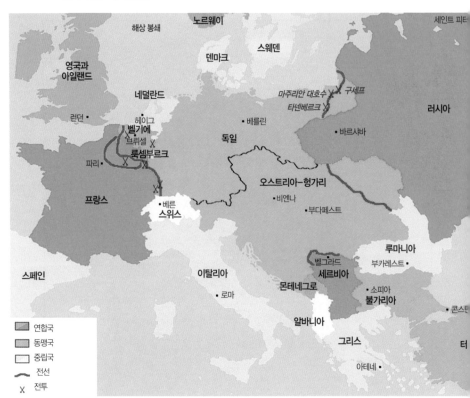